Criptomoeda

A Breve História da Tecnologia Blockchain, Finanças Descentralizadas, Contratos Inteligentes, Controvérsias, Crimes e Mais

Isenção de responsabilidade

Copyright 2023 - *Todos os direitos reservados*

Este documento visa fornecer informações exatas e confiáveis em relação ao tema e à questão abordada. A publicação é vendida com a idéia de que a editora não é obrigada a prestar serviços de contabilidade, oficialmente permitidos ou de outra forma qualificados. Se for necessário aconselhamento, legal ou profissional, um indivíduo praticante da profissão deve ser ordenado - a partir de uma Declaração de Princípios que foi aceita e aprovada igualmente por um Comitê da Ordem dos Advogados Americana e um Comitê de Editores e Associações.

De forma alguma é legal reproduzir, duplicar ou transmitir qualquer parte deste documento em meios eletrônicos ou em formato impresso. A gravação desta publicação é estritamente proibida e qualquer armazenamento deste documento não é permitido, a menos que com permissão por escrito da editora. Todos os direitos reservados.

A apresentação das informações é sem contrato ou qualquer tipo de garantia. As marcas que são utilizadas são sem qualquer consentimento, e a publicação da marca é sem permissão ou respaldo do proprietário da marca. Todas as marcas registradas e marcas dentro deste livro são apenas para fins de esclarecimento e são de propriedade dos próprios proprietários, não afiliados a este documento. Não encorajamos qualquer abuso de substâncias e não podemos ser considerados responsáveis por qualquer participação em atividades ilegais.

Introdução

Uma moeda criptográfica, moeda criptográfica ou criptográfica é uma moeda digital projetada para funcionar como um meio de troca através de uma rede de computadores que não depende de nenhuma autoridade central, como um governo ou banco, para mantê-la ou mantê-la. É um sistema descentralizado para verificar se as partes de uma transação têm o dinheiro que dizem ter, eliminando a necessidade de intermediários tradicionais, como os bancos, quando os fundos estão sendo transferidos entre duas entidades.

Os registros individuais de propriedade de moedas são armazenados em um livro razão digital, que é um banco de dados computadorizado que utiliza criptografia forte para assegurar os registros das transações, controlar a criação de moedas adicionais e verificar a transferência de propriedade das moedas. Apesar de seu nome, as moedas criptográficas não são consideradas moedas no sentido tradicional e, embora tratamentos variados tenham sido aplicados a elas, incluindo a classificação como commodities, títulos e moedas, as moedas criptográficas são geralmente vistas na prática como uma classe de ativo distinta. Alguns esquemas criptográficos utilizam validadores para manter a moeda criptográfica. Em um modelo de prova de compra, os proprietários colocam seus tokens como garantia. Em troca, eles recebem autoridade sobre o token em proporção à quantia que eles apostam. Em geral, esses apostadores recebem propriedade adicional sobre o token ao longo do tempo através de taxas de rede, tokens cunhados recentemente, ou outros mecanismos de recompensa desse tipo.

A moeda criptográfica não existe na forma física (como o papel-moeda) e normalmente não é emitida por uma autoridade central. As moedas criptográficas normalmente usam o controle descentralizado em oposição a uma moeda digital do banco central (CBDC). Quando uma moeda criptográfica é cunhada, ou criada antes da emissão, ou emitida por um único emissor, ela é geralmente considerada centralizada. Quando implementada com controle descentralizado, cada moeda criptográfica funciona através da tecnologia de ledger distribuído, normalmente uma cadeia de bloqueio, que serve como um banco de dados de transações financeiras públicas. As classes de ativos tradicionais como moedas, commodities e ações, assim como fatores macroeconômicos, têm exposições modestas a retornos de moedas criptográficas.

A primeira moeda criptográfica descentralizada foi o Bitcoin, que foi lançado pela primeira vez como software de código aberto em 2009. Em março de 2022, havia mais de 9.000 outras moedas criptográficas no mercado, das quais mais de 70 tinham uma capitalização de mercado superior a US$ 1 bilhão.

Tabela de conteúdo

Isenção de responsabilidade   1

Introdução   2

Tabela de conteúdo   5

História da Cryptocurrency   13

Definição formal de Cryptocurrency   16

Altcoins   18

Moedas Estáveis   19

Arquitetura da Cryptocurrency   19

A cadeia de bloqueio da Cryptocurrency   22

História   24

Estrutura e projeto   26

Blocos   28

Tempo de bloco   30

Descentralização 30

Finalidade 32

Abertura 33

Cadeia de bloqueio (pública) sem permissão 35

Cadeia de bloqueio (privada) autorizada 36

Desvantagens da cadeia de bloqueio autorizada 36

Análise da cadeia de bloqueios 37

Padronização 39

Cadeia de bloqueio centralizada 40

Tipos de Cryptocurrency **42**

Cadeias de bloqueio público 42

Cadeias de bloqueio privadas 42

Cadeias híbridas de bloqueio 43

Sidechains 43

Cadeia de bloqueio do consórcio 44

Usos da tecnologia de cadeias de bloqueios **46**

Cryptocurrencies 47

Contratos inteligentes 48

Serviços financeiros 49

Jogos 51

A cadeia de abastecimento 54

Nomes de domínio 55

Outros usos 57

Interoperabilidade da cadeia de bloqueios 59

Preocupações com o consumo de energia 60

Pesquisa acadêmica 63

Decisão de adoção 64

Colaboração 64

Bloqueio e auditoria interna 65

Periódicos 66

Nódulos de moedas criptográficas 66

Timestamping 67

Mineração 68

Aumento do preço da GPU 71

Carteiras de moedas criptográficas 72

Anonimato 73

Economia 73

Recompensas de bloco 74

Taxas de transação 76

Trocas 77

Swaps atômicos 77

ATMs 78

Ofertas iniciais de moedas 78

Tendências de preços 79

Volatilidade 81

Bases de dados 82

Aspectos sociais e políticos 82

Aumento da regulamentação da moeda criptográfica 85

Estados Unidos 87

China 88

Reino Unido 89

África do Sul 90

Coréia do Sul 90

Turquia 91

El Salvador 91

Índia 92

Suíça   *93*

Legalidade da moeda criptográfica   **94**

Proibições de publicidade   *95*

Situação fiscal nos EUA   *96*

Preocupações legais relacionadas a uma economia global não regulamentada   *97*

Criptocurrency e crime   **100**

Antecedentes   *100*

Roubos notáveis   *101*

Trocas   *102*

Carteiras   *106*

Energia   *106*

Bitcoin   *107*

Ethereum   *111*

Fraude 112

Exemplos de golpes relacionados à ICO 113

Esquemas de Ponzi 116

Lavagem de dinheiro 116

Medidas regulamentares 118

Em relação ao NFTS 119

Outros exemplos 120

Malware 122

Ransomware 123

Mineração não autorizada 124

Fábricas de fraude 124

Outros incidentes 125

Mercados de Darknet 128

Lavagens 129

Como uma ferramenta para escapar de sanções   *130*

Impactos e análises   *130*

Especulação, fraude e adoção   *131*

Fichas não-fungáveis   *134*

Bancos   *134*

Impacto ambiental   *135*

Limitações tecnológicas   *138*

Estudos acadêmicos   *139*

Agências de ajuda   *139*

As críticas à moeda criptográfica   **141**

Suicídios por criptografia   *142*

História da Cryptocurrency

Em 1983, o criptógrafo americano David Chaum concebeu um tipo de dinheiro eletrônico criptográfico chamado ecash. Mais tarde, em 1995, ele o implementou através do Digicash, uma forma inicial de pagamentos eletrônicos criptográficos. A Digicash exigiu um software de usuário para retirar notas de um banco e designar chaves criptografadas específicas antes que elas pudessem ser enviadas a um destinatário. Isto permitiu que a moeda digital fosse indetectável por um terceiro.

Em 1996, a Agência Nacional de Segurança publicou um artigo intitulado *How to Make a Mint: the Cryptography of Anonymous Electronic Cash*, descrevendo um sistema de moeda criptográfica. O artigo foi publicado pela primeira vez em uma mailing list do MIT e mais tarde, em 1997, na *The American Law Review*.

Em 1998, Wei Dai descreveu "b-money", um sistema de dinheiro eletrônico anônimo e distribuído. Pouco tempo depois, Nick Szabo descreveu "bit gold". Como o Bitcoin e outras moedas criptográficas que o seguiriam, o bit gold (não confundir com o posterior BitGold baseado em ouro) foi descrito como um sistema de moeda eletrônica que exigia que os usuários completassem uma função de prova de trabalho com soluções criptográficas sendo reunidas e publicadas.

Em janeiro de 2009, Bitcoin foi criado pelo desenvolvedor pseudônimo Satoshi Nakamoto. Utilizou o SHA-256, uma função de hash criptográfico, em seu esquema de prova de trabalho. Em abril de 2011, Namecoin foi criado como uma tentativa de formar um DNS descentralizado. Em outubro de 2011, foi lançada a Litecoin que usava scrypt como sua função de hash em vez de SHA-256. A Peercoin, criada em agosto de 2012, usou um híbrido de prova de trabalho e prova de aceitação.

Em 6 de agosto de 2014, o Reino Unido anunciou que seu Tesouro havia encomendado um estudo sobre as moedas criptográficas e qual o papel que elas poderiam desempenhar na economia britânica, se é que poderiam desempenhar. O estudo deveria também informar se a regulamentação deveria ser considerada. Seu relatório final foi publicado em 2018, e em janeiro de 2021 emitiu uma consulta sobre criptoassets e stablecoins.

Em junho de 2021, El Salvador tornou-se o primeiro país a aceitar Bitcoin como moeda corrente, após a Assembléia Legislativa ter votado 62-22 para aprovar um projeto de lei apresentado pelo Presidente Nayib Bukele classificando a moeda criptográfica como tal.

Em agosto de 2021, Cuba seguiu com a Resolução 215 para reconhecer e regular as moedas criptográficas como o Bitcoin.

Em setembro de 2021, o governo da China, o maior mercado único de moedas criptográficas, declarou ilegais todas as transações de moedas criptográficas. Isto completou uma repressão à moeda criptográfica que anteriormente proibia a operação de intermediários e mineiros dentro da China.

Em 15 de setembro de 2022, a segunda maior moeda criptográfica do mundo naquela época, o Ethereum fez a transição de seu mecanismo de consenso de prova de trabalho (PdB) para prova de participação (PdS) em um processo de atualização conhecido como "a Fusão". De acordo com o Fundador do Ethereum, a atualização pode reduzir o uso de energia do Ethereum em 99,9% e as emissões de dióxido de carbono em 99,9%.

Em 11 de novembro de 2022, a FTX Trading Ltd., uma bolsa de moedas criptográficas, que também operava um fundo de hedge criptográfico, e tinha sido avaliada em US$ 18 bilhões, entrou com pedido de falência. O impacto financeiro do colapso se estendeu além da base imediata de clientes FTX, conforme relatado, enquanto, em uma conferência da Reuters, executivos da indústria financeira disseram que "os reguladores devem intervir para proteger os investidores criptográficos". O analista de tecnologia Avivah Litan comentou sobre o ecossistema de moedas criptográficas que "tudo...precisa melhorar drasticamente em termos de experiência do usuário, controles, segurança, atendimento ao cliente".

Definição formal de Cryptocurrency

De acordo com Jan Lansky, uma moeda criptográfica é um sistema que atende a seis condições:

1. O sistema não requer uma autoridade central; seu estado é mantido através de consenso distribuído.

2. O sistema mantém uma visão geral das unidades de moeda criptográfica e sua propriedade.
3. O sistema define se podem ser criadas novas unidades de moeda criptográfica. Se novas unidades de moeda criptográfica puderem ser criadas, o sistema define as circunstâncias de sua origem e como determinar a propriedade dessas novas unidades.
4. A propriedade de unidades de moeda criptográfica pode ser comprovada exclusivamente de forma criptográfica.
5. O sistema permite a realização de transações nas quais a propriedade das unidades criptográficas é alterada. Uma declaração de transação só pode ser emitida por uma entidade que comprove a propriedade atual dessas unidades.
6. Se duas instruções diferentes para mudar a propriedade das mesmas unidades criptográficas forem inseridas simultaneamente, o sistema executa no máximo uma delas.

Em março de 2018, a palavra *moeda criptográfica* foi adicionada ao *Merriam-Webster Dictionary*.

Altcoins

Tokens, moedas criptográficas e outros ativos digitais que não o Bitcoin são conhecidos coletivamente como moedas criptográficas alternativas, tipicamente abreviadas para "altcoins" ou "alt coins", ou depreciativamente "shitcoins". Paul Vigna do *The Wall Street Journal* também descreveu as altcoins como "versões alternativas de Bitcoin", dado seu papel como protocolo modelo para os desenhistas de altcoin.

As Altcoins muitas vezes têm diferenças subjacentes quando comparadas com a Bitcoin. Por exemplo, a Litecoin visa processar um bloco a cada 2,5 minutos, em vez dos 10 minutos da Bitcoin, o que permite que a Litecoin confirme as transações mais rapidamente que a Bitcoin. Outro exemplo é o Ethereum, que tem a funcionalidade de contrato inteligente que permite que aplicações descentralizadas sejam executadas em sua cadeia de blocos. O Ethereum foi o bloqueador mais utilizado em 2020, de acordo com a Bloomberg News. Em 2016, teve o maior "acompanhamento" de qualquer altcoin, de acordo com o *New York Times*.

Os comícios significativos nos mercados de altcoin são freqüentemente referidos como uma "época baixa".

Moedas Estáveis

Moedas estáveis são moedas criptográficas projetadas para manter um nível estável de poder de compra. Notavelmente, estes desenhos não são infalíveis, já que uma série de moedas estáveis se despencaram ou perderam sua cavilha. Por exemplo, em 11 de maio de 2022, o UST do Terra caiu de US$1 para 26 centavos. A falha subseqüente do Terraform Labs resultou na perda de quase $40B investidos nas moedas Terra e Luna. Em setembro de 2022, os promotores sul-coreanos solicitaram a emissão de um aviso vermelho da Interpol contra o fundador da empresa, Do Kwon. Em Hong Kong, o marco regulatório esperado para as moedas estáveis em 2023/24 está sendo moldado e inclui algumas considerações.

Arquitetura da Cryptocurrency

A moeda criptográfica é produzida por todo um sistema de moedas criptográficas coletivamente, a uma taxa que é definida quando o sistema é criado e que é declarada publicamente. Em sistemas bancários e econômicos centralizados, como o Sistema da Reserva Federal dos EUA, as diretorias de empresas ou os governos controlam o fornecimento de moeda. No caso da moeda criptográfica, as empresas ou governos não podem produzir novas unidades e, até o momento, não deram suporte a outras empresas, bancos ou entidades corporativas que possuam ativos medidos nela. O sistema técnico subjacente no qual se baseiam as moedas criptográficas foi criado pela Satoshi Nakamoto.

Dentro de um sistema de prova de trabalho como o Bitcoin, a segurança, integridade e equilíbrio dos livros contábeis é mantida por uma comunidade de partes mutuamente desconfiadas referidas como mineiros. Os mineiros usam seus computadores para ajudar a validar e marcar as transações, adicionando-as ao livro razão de acordo com um esquema particular de marcação de tempo. Em uma cadeia de bloqueio de prova de participação, as transações são validadas pelos detentores da moeda criptográfica associada, às vezes agrupadas em grupos de aposta.

A maioria das moedas criptográficas são projetadas para diminuir gradualmente a produção dessa moeda, colocando um limite sobre a quantidade total dessa moeda que estará em circulação. Em comparação com as moedas comuns detidas por instituições financeiras ou mantidas como dinheiro em caixa, as moedas criptográficas podem ser mais difíceis de serem apreendidas pela aplicação da lei.

A cadeia de bloqueio da Cryptocurrency

Uma cadeia de bloqueio é um livro-razão distribuído com listas crescentes de registros (*blocos*) que estão seguramente ligados entre si através de hashes criptográficos. Cada bloco contém um hash criptográfico do bloco anterior, um carimbo de tempo e dados de transação (geralmente representado como uma árvore Merkle, onde os nós de dados são representados por folhas). O carimbo de tempo prova que os dados de transação existiam quando o bloco foi criado. Como cada bloco contém informações sobre o bloco anterior, eles efetivamente formam uma *cadeia* (compare a estrutura de dados da lista vinculada), com cada bloco adicional vinculado aos anteriores. Conseqüentemente, as transações da cadeia de bloqueio são irreversíveis na medida em que, uma vez registrados, os dados de qualquer bloco não podem ser alterados retroativamente sem alterar todos os blocos subseqüentes.

As cadeias de bloqueio são tipicamente gerenciadas por uma rede de computadores P2P (peer-to-peer) para uso como um ledger público distribuído, onde os nós aderem coletivamente a um protocolo de algoritmo de consenso para adicionar e validar novos blocos de transação. Embora os registros de cadeias de bloqueios não sejam inalteráveis, uma vez que os garfos das cadeias de bloqueios são possíveis, as cadeias de bloqueios podem ser consideradas seguras pelo projeto e exemplificam um sistema de computação distribuída com alta tolerância a falhas bizantinas.

Uma cadeia de bloqueio foi criada por uma pessoa (ou grupo de pessoas) usando o nome (ou pseudônimo) Satoshi Nakamoto em 2008 para servir como o livro de registro público distribuído para transações de moeda criptográfica bitcoin, baseado em trabalho anterior de Stuart Haber, W. Scott Stornetta e Dave Bayer. A implementação da cadeia de bloqueio dentro do bitcoin fez dela a primeira moeda digital a resolver o problema de gastos duplos sem a necessidade de uma autoridade ou servidor central confiável. O projeto do bitcoin inspirou outras aplicações e correntes de bloqueio que são legíveis pelo público e são amplamente utilizadas por moedas criptográficas. A cadeia de bloqueio pode ser considerada um tipo de trilho de pagamento.

Foram propostas correntes de bloqueio privadas para uso comercial. *A Computerworld* chamou a comercialização de tais cadeias de bloqueio privatizadas sem um modelo de segurança adequado de "óleo de cobra"; entretanto, outros argumentaram que cadeias de bloqueio permitidas, se cuidadosamente projetadas, podem ser mais descentralizadas e, portanto, mais seguras na prática do que as sem permissão.

História

O criptógrafo David Chaum propôs pela primeira vez um protocolo semelhante a uma cadeia de bloqueios em sua dissertação de 1982 "Computer Systems Established, Maintained, and Trusted by Mutually Suspicious Groups". Em 1991, Stuart Haber e W. Scott Stornetta descreveram outros trabalhos sobre uma cadeia de blocos criptografados. Eles queriam implementar um sistema no qual os carimbos temporais dos documentos não pudessem ser adulterados. Em 1992, Haber, Stornetta e Dave Bayer incorporaram árvores Merkle ao projeto, o que melhorou sua eficiência ao permitir que vários certificados de documentos fossem coletados em um único bloco. Sob sua empresa Surety, seus certificados de documentos têm sido publicados semanalmente no *The New York Times* desde 1995.

A primeira cadeia de blocos descentralizada foi conceituada por uma pessoa (ou grupo de pessoas) conhecida como Satoshi Nakamoto em 2008. A Nakamoto melhorou o projeto de forma importante, utilizando um método semelhante ao Hashcash-like para marcar os blocos sem exigir que eles sejam assinados por uma parte confiável e introduzindo um parâmetro de dificuldade para estabilizar a taxa na qual os blocos são adicionados à cadeia. O projeto foi implementado no ano seguinte pela Nakamoto como um componente central da bitcoin de moeda criptográfica, onde serve como razão pública para todas as transações na rede.

Em agosto de 2014, o tamanho do arquivo da cadeia de blocos de bitcoin, contendo registros de todas as transações que ocorreram na rede, atingiu 20 GB (gigabytes). Em janeiro de 2015, o tamanho havia aumentado para quase 30 GB, e de janeiro de 2016 a janeiro de 2017, a cadeia de blocos de bitcoin cresceu de 50 GB para 100 GB de tamanho. O tamanho do ledger havia ultrapassado 200 GB no início de 2020.

As palavras *bloco* e *corrente* foram usadas separadamente no papel original da Satoshi Nakamoto, mas acabaram sendo popularizadas como uma única palavra, *blockchain,* até 2016.

Segundo a Accenture, uma aplicação da teoria da difusão de inovações sugere que as correntes de bloqueio atingiram uma taxa de 13,5% de adoção dentro dos serviços financeiros em 2016, atingindo assim a fase inicial de adoção. Grupos industriais comerciais se uniram para criar o Global Blockchain Forum em 2016, uma iniciativa da Câmara de Comércio Digital.

Em maio de 2018, Gartner descobriu que apenas 1% dos CIOs indicavam qualquer tipo de adoção de cadeias de bloqueio dentro de suas organizações, e apenas 8% dos CIOs estavam em "planejamento de curto prazo ou [olhando] experimentação ativa com cadeias de bloqueio". Para o ano de 2019, o Gartner relatou que 5% dos CIOs acreditavam que a tecnologia da cadeia de bloqueio era uma "mudança de jogo" para seus negócios.

Estrutura e projeto

Uma cadeia de blocos é um livro razão digital descentralizado, distribuído e muitas vezes público, consistindo de registros chamados *blocos* que são usados para registrar transações em muitos computadores, de modo que qualquer bloco envolvido não possa ser alterado retroativamente, sem a alteração de todos os blocos subseqüentes. Isto permite aos participantes verificar e auditar transações de forma independente e relativamente barata. Um banco de dados de blocos é gerenciado de forma autônoma usando uma rede peer-to-peer e um servidor de timestamping distribuído. Eles são autenticados por uma colaboração em massa alimentada por autointeresses coletivos. Tal projeto facilita um fluxo de trabalho robusto onde a incerteza dos participantes em relação à segurança dos dados é marginal. O uso de uma cadeia de bloqueio remove a característica de reprodutibilidade infinita de um ativo digital. Ele confirma que cada unidade de valor foi transferida apenas uma vez, resolvendo o problema de longa data de duplicação de gastos. Uma cadeia de bloqueios foi descrita como um *protocolo de troca de valores*. Uma cadeia de bloqueio pode manter os direitos de propriedade porque, quando devidamente configurada para detalhar o contrato de troca, ela fornece um registro que obriga a oferta e aceitação.

Logicamente, uma cadeia de bloqueios pode ser vista como consistindo de várias camadas:

- infra-estrutura (hardware)
- redes (descoberta de nós, propagação e verificação de informações)
- consenso (prova de trabalho, prova de aposta)
- dados (blocos, transações)
- aplicação (contratos inteligentes/aplicações descentralizadas, se aplicável)

Blocos

Os blocos contêm lotes de transações válidas que são hashed e codificados em uma árvore Merkle. Cada bloco inclui o hash criptográfico do bloco anterior na cadeia de bloqueios, ligando os dois. Os blocos ligados formam uma cadeia. Este processo iterativo confirma a integridade do bloco anterior, até o bloco inicial, que é conhecido como o *bloco de gênese* (Bloco 0). Para assegurar a integridade de um bloco e dos dados nele contidos, o bloco é normalmente assinado digitalmente.

Às vezes, blocos separados podem ser produzidos simultaneamente, criando um garfo temporário. Além de um histórico seguro baseado em hash, qualquer cadeia de blocos tem um algoritmo específico para pontuar diferentes versões do histórico, de modo que um com uma pontuação mais alta possa ser selecionado sobre outros. Blocos não selecionados para inclusão na cadeia são chamados de blocos órfãos. Os pares que suportam o banco de dados têm versões diferentes do histórico de tempos em tempos. Eles mantêm apenas a versão mais pontuada da base de dados conhecida por eles. Sempre que um par recebe uma versão com pontuação mais alta (geralmente a versão antiga com um único bloco novo adicionado) eles estendem ou sobrepõem sua própria base de dados e retransmitem a melhoria aos seus pares. Nunca há uma garantia absoluta de que qualquer entrada em particular permanecerá para sempre na melhor versão da história. As cadeias de blocos são normalmente construídas para adicionar a pontuação de novos blocos aos blocos antigos e recebem incentivos para estender com novos blocos em vez de sobrescrever blocos antigos.

Portanto, a probabilidade de uma entrada ser superada diminui exponencialmente à medida que mais blocos são construídos em cima dela, eventualmente se tornando muito baixa.:ch. 08 Por exemplo, o bitcoin usa um sistema de prova de trabalho, onde a cadeia com a prova de trabalho mais cumulativa é considerada válida pela rede. Há vários métodos que podem ser usados para demonstrar um nível de computação suficiente. Dentro de uma cadeia de bloqueio, o cálculo é realizado de forma redundante e não de forma tradicional, segregada e paralela.

Tempo de bloco

O *tempo de bloco* é o tempo médio que leva para a rede gerar um bloco extra na cadeia de bloqueio. No momento da conclusão do bloco, os dados incluídos se tornam verificáveis. Em moeda criptográfica, isto é praticamente quando a transação ocorre, portanto, um tempo de bloco mais curto significa transações mais rápidas. O tempo de bloco para o Ethereum é ajustado entre 14 e 15 segundos, enquanto para o bitcoin é em média 10 minutos.

Descentralização

Ao armazenar dados através de sua rede peer-to-peer, a cadeia de bloqueio elimina alguns riscos que vêm com os dados sendo mantidos centralmente. A cadeia de bloqueio descentralizada pode utilizar a passagem de mensagens ad hoc e a rede distribuída.

Em um chamado "ataque de 51%", uma entidade central ganha o controle de mais da metade de uma rede e pode então manipular esse registro específico da cadeia de bloqueio à vontade, permitindo o duplo gasto.

Os métodos de segurança da cadeia de bloqueio incluem o uso de criptografia de chave pública.[5] Uma *chave pública* (uma seqüência longa e aleatória de números) é um endereço na cadeia de bloqueios. Os tokens de valor enviados através da rede são registrados como pertencentes a esse endereço. Uma *chave privada* é como uma senha que dá a seu proprietário acesso a seus ativos digitais ou os meios para interagir de outra forma com as várias capacidades que os bloqueadores agora suportam. Os dados armazenados na cadeia de bloqueio são geralmente considerados incorruptíveis.

Cada nó em um sistema descentralizado tem uma cópia da cadeia de bloqueios. A qualidade dos dados é mantida pela replicação maciça de banco de dados e pela confiança computacional. Não existe uma cópia "oficial" centralizada e nenhum usuário é "confiável" mais do que qualquer outro. As transações são transmitidas para a rede usando o software. As mensagens são entregues com base no melhor esforço. Os primeiros bloqueios dependem de nós de mineração de energia intensiva para validar as transações, adicioná-las ao bloco que estão construindo e depois transmitir o bloco completo para outros nós.:ch. 08 As cadeias de bloqueio utilizam vários esquemas de carimbos de tempo, tais como prova de trabalho, para fazer mudanças em série. Métodos de consenso posteriores incluem prova de aposta. O crescimento de uma cadeia de bloqueios descentralizada é acompanhado pelo risco de centralização porque os recursos computacionais necessários para processar quantidades maiores de dados se tornam mais caros.

Finalidade

A finalidade é o nível de confiança de que o bloco bem formado recentemente anexado à cadeia de bloqueio não será revogado no futuro (está "finalizado") e, portanto, pode ser confiável. A maioria dos protocolos distribuídos da cadeia de bloqueio, seja prova de trabalho ou prova de participação, não pode garantir a finalidade de um bloco recém-comprometido e, em vez disso, confiar na "finalidade probabilística": à medida que o bloco se aprofunda em uma cadeia de bloqueio, é menos provável que ele seja alterado ou revertido por um consenso recém encontrado.

Os protocolos de prova de tomada de decisão baseados na tolerância a falhas bizantinas pretendem fornecer a chamada "finalidade absoluta": um validador escolhido aleatoriamente propõe um bloco, o resto dos validadores votam sobre ele, e, se uma decisão de supermaioridade o aprova, o bloco é irreversivelmente comprometido na cadeia de bloqueio. Uma modificação deste método, uma "finalidade econômica", é utilizada em protocolos práticos, como o protocolo Casper utilizado no Ethereum: os validadores que assinam dois blocos diferentes na mesma posição na cadeia de bloqueios estão sujeitos a "cortes", onde sua participação alavancada é perdida.

Abertura

As correntes de bloqueio abertas são mais fáceis de usar do que alguns registros tradicionais de propriedade, que, embora abertas ao público, ainda requerem acesso físico para visualização. Como todas as primeiras cadeias de bloqueio eram sem permissão, surgiu uma controvérsia sobre a definição da cadeia de bloqueio. Uma questão neste debate contínuo é se um sistema privado com verificadores incumbidos e autorizados (com permissão) por uma autoridade central deve ser considerado uma cadeia de bloqueios. Os defensores de cadeias autorizadas ou privadas argumentam que o termo "cadeia de bloqueios" pode ser aplicado a qualquer **estrutura de dados** que agrupa os dados em blocos com carimbo de tempo. Essas cadeias de bloqueio servem como uma versão distribuída do controle de simultaneidade de multiversões (MVCC) em bancos de dados. Assim como o MVCC impede que duas transações modifiquem simultaneamente um único objeto em um banco de dados, as cadeias de bloqueios impedem que duas transações gastem a mesma saída única em uma cadeia de bloqueios.[30-31] Os oponentes dizem que os sistemas autorizados assemelham-se a bancos de dados corporativos tradicionais, não suportando a verificação descentralizada de dados, e que tais sistemas não são endurecidos contra a manipulação e revisão do operador. Nikolai Hampton da *Computerworld* disse que "muitas soluções de cadeias de bloqueio internas não serão mais do que bancos de dados incômodos" e "sem um modelo de segurança claro, as cadeias de bloqueio proprietárias devem ser encaradas com suspeita".

Cadeia de bloqueio (pública) sem permissão

Uma vantagem para uma rede aberta, sem permissão ou pública, em cadeia de bloqueio é que não é necessária a proteção contra maus atores e não é necessário nenhum controle de acesso. Isto significa que as aplicações podem ser adicionadas à rede sem a aprovação ou a confiança de outros, usando a cadeia de bloqueio como camada de transporte.

Bitcoin e outras moedas criptográficas atualmente asseguram sua cadeia de bloqueio exigindo que novas entradas incluam prova de trabalho. Para prolongar a cadeia de bloqueio, a bitcoin usa quebra-cabeças Hashcash. Enquanto o Hashcash foi projetado em 1997 por Adam Back, a idéia original foi inicialmente proposta por Cynthia Dwork e Moni Naor e Eli Ponyatovski em seu jornal de 1992 "Pricing via Processing or Combatting Junk Mail".

Em 2016, o investimento de capital de risco para projetos relacionados à cadeia de bloqueio estava enfraquecendo nos EUA, mas aumentando na China. Bitcoin e muitas outras moedas criptográficas utilizam correntes de bloqueio abertas (públicas). A partir de abril de 2018, a bitcoin tem a maior capitalização de mercado.

Cadeia de bloqueio (privada) autorizada

As correntes de bloqueio autorizadas utilizam uma camada de controle de acesso para governar quem tem acesso à rede. Tem sido argumentado que as correntes de bloqueio permitidas podem garantir um certo nível de descentralização, se cuidadosamente projetadas, em oposição às correntes de bloqueio sem permissão, que muitas vezes são centralizadas na prática.

Desvantagens da cadeia de bloqueio autorizada

Nikolai Hampton argumentou no *Computerworld* que "Também não há necessidade de um ataque de '51%' a uma cadeia de bloqueio privada, já que a cadeia de bloqueio privada (muito provavelmente) já controla 100% de todos os recursos de criação de blocos. Se você pudesse atacar ou danificar as ferramentas de criação de cadeias de bloqueio em um servidor corporativo privado, você poderia efetivamente controlar 100% de sua rede e alterar as transações como você desejasse". Isto tem um conjunto de implicações adversas particularmente profundas durante uma crise financeira ou de dívida como a crise financeira de 2007-08, onde atores politicamente poderosos podem tomar decisões que favorecem alguns grupos em detrimento de outros, e "a cadeia de bloqueio de bitcoin é protegida pelo enorme esforço de mineração de grupo. É improvável que qualquer cadeia de bloqueio privada tente proteger os registros usando gigawatts de poder computacional - é demorado e caro". Ele também disse: "Dentro de uma cadeia de blocos privada também não há 'corrida'; não há incentivo para usar mais potência ou descobrir blocos mais rapidamente do que os concorrentes. Isto significa que muitas soluções internas de cadeia de blocos não serão mais do que bases de dados incômodas".

Análise da cadeia de bloqueios

A análise das correntes de bloqueio públicas tem se tornado cada vez mais importante com a popularidade do bitcoin, Ethereum, litecoin e outras moedas criptográficas. Uma cadeia de bloqueio, se for pública, fornece a qualquer pessoa que queira ter acesso para observar e analisar os dados da cadeia, dado que se tem o know-how. O processo de compreensão e acesso ao fluxo de criptografia tem sido um problema para muitas moedas criptográficas, trocas criptográficas e bancos. A razão para isso é a acusação de moedas criptográficas que permitem o comércio ilícito de drogas, armas, lavagem de dinheiro, etc., em cadeia de bloqueio. Uma crença comum tem sido a de que a moeda criptográfica é privada e indetectável, levando assim muitos atores a usá-la para fins ilegais. Isto está mudando e agora empresas especializadas em tecnologia fornecem serviços de rastreamento de cadeias de bloqueio, tornando as trocas criptográficas, a aplicação da lei e os bancos mais conscientes do que está acontecendo com os fundos criptográficos e as trocas de fiat-crypto. O desenvolvimento, argumentam alguns, levou os criminosos a priorizar o uso de novas criptos, como a Monero. A questão é sobre a acessibilidade pública dos dados da cadeia de bloqueio e a privacidade pessoal dos mesmos dados. É um debate chave na moeda criptográfica e, em última instância, na cadeia de bloqueios.

Padronização

Em abril de 2016, a Standards Australia apresentou uma proposta à Organização Internacional de Padronização para considerar o desenvolvimento de normas para apoiar a tecnologia de cadeias de bloqueios. Esta proposta resultou na criação do Comitê Técnico ISO 307, Blockchain e Distributed Ledger Technologies. O comitê técnico tem grupos de trabalho relacionados à terminologia da cadeia de bloqueio, arquitetura de referência, segurança e privacidade, identidade, contratos inteligentes, governança e interoperabilidade para cadeia de bloqueio e DLT, bem como padrões específicos para setores industriais e requisitos genéricos do governo. Mais de 50 países estão participando do processo de padronização, juntamente com ligações externas, como a Sociedade Mundial de Telecomunicações Financeiras Interbancárias (SWIFT), a Comissão Européia, a Federação Internacional de Topógrafos, a União Internacional de Telecomunicações (UIT) e a Comissão Econômica para a Europa das Nações Unidas (UNECE).

Muitos outros organismos nacionais de normalização e organismos de normalização abertos também estão trabalhando em normas de cadeia de bloqueio. Estes incluem o National Institute of Standards and Technology (NIST), o Comitê Europeu de Normalização Eletrotécnica (CENELEC), o Institute of Electrical and Electronics Engineers (IEEE), a Organization for the Advancement of Structured Information Standards (OASIS) e alguns participantes individuais da Internet Engineering Task Force (IETF).

Cadeia de bloqueio centralizada

Embora a maior parte da implementação da cadeia de bloqueio seja descentralizada e distribuída, a Oracle lançou uma tabela centralizada da cadeia de bloqueio no banco de dados Oracle 21c. A Blockchain Table no banco de dados Oracle 21c é uma cadeia de bloqueios centralizada que oferece um recurso imutável. Em comparação com as cadeias de bloqueio descentralizadas, as cadeias de bloqueio centralizadas normalmente podem fornecer um maior rendimento e menor latência de transações do que as cadeias de bloqueio distribuídas baseadas em consenso.

Tipos de Cryptocurrency

Atualmente, existem pelo menos quatro tipos de redes de cadeias de bloqueio - cadeias de bloqueio públicas, cadeias de bloqueio privadas, cadeias de bloqueio de consórcios e cadeias de bloqueio híbridas.

Cadeias de bloqueio público

Uma cadeia de bloqueio público não tem absolutamente nenhuma restrição de acesso. Qualquer pessoa com uma conexão à Internet pode enviar transações para ela, bem como tornar-se um validador (ou seja, participar da execução de um protocolo de consenso). Normalmente, tais redes oferecem incentivos econômicos para aqueles que as protegem e utilizam algum tipo de prova de aposta ou algoritmo de prova de trabalho.

Algumas das maiores e mais conhecidas cadeias de bloqueio público são a cadeia de bloqueio bitcoin e a cadeia de bloqueio Ethereum.

Cadeias de bloqueio privadas

Uma cadeia de bloqueio privada é autorizada. Não se pode aderir a ela, a menos que seja convidado pelos administradores da rede. O acesso dos participantes e validadores é restrito. Para distinguir entre cadeias de bloqueio abertas e outras aplicações de banco de dados descentralizadas peer-to-peer que não são clusters de computação ad-hoc abertos, a terminologia Distributed Ledger (DLT) é normalmente usada para cadeias de bloqueio privadas.

Cadeias híbridas de bloqueio

Uma cadeia de blocos híbrida tem uma combinação de características centralizadas e descentralizadas. O funcionamento exato da cadeia pode variar com base em quais porções de centralização e descentralização são utilizadas.

Sidechains

Um sidechain é uma designação para um livro-razão de uma cadeia de bloqueios que corre em paralelo a uma cadeia de bloqueios primária. As entradas da cadeia de bloqueio primária (onde tais entradas tipicamente representam ativos digitais) podem ser ligadas de e para o sidechain; isto permite que o sidechain funcione independentemente da cadeia de bloqueio primária (por exemplo, usando um meio alternativo de manutenção de registros, algoritmo de consenso alternativo, etc.).

Cadeia de bloqueio do consórcio

Uma cadeia de blocos de consórcio é um tipo de cadeia de blocos que combina elementos de cadeias de blocos tanto públicos como privados. Em uma cadeia de blocos de consórcio, um grupo de organizações se reúne para criar e operar a cadeia de blocos, em vez de uma única entidade. Os membros do consórcio gerenciam conjuntamente a rede de cadeias de bloqueio e são responsáveis pela validação das transações. As cadeias de bloqueio de consórcios são autorizadas, o que significa que somente determinados indivíduos ou organizações podem participar da rede. Isto permite um maior controle sobre quem pode acessar a cadeia de bloqueio e ajuda a garantir que informações sensíveis sejam mantidas confidenciais.

As cadeias de bloqueio de consórcio são comumente usadas em indústrias onde múltiplas organizações precisam colaborar em um objetivo comum, como a gestão da cadeia de fornecimento ou serviços financeiros. Uma vantagem das cadeias de bloqueio de consórcio é que elas podem ser mais eficientes e escaláveis do que as cadeias de bloqueio públicas, pois o número de nós necessários para validar as transações é tipicamente menor. Além disso, as cadeias de bloqueio de consórcio podem proporcionar maior segurança e confiabilidade do que as cadeias de bloqueio privadas, já que os membros do consórcio trabalham em conjunto para manter a rede. Alguns exemplos de cadeias de bloqueio de consórcios incluem o Quorum e o Hyperledger.

Usos da tecnologia de cadeias de bloqueios

A tecnologia Blockchain pode ser integrada em múltiplas áreas. O principal uso das correntes de bloqueio é como um livro contábil distribuído para moedas criptográficas como o bitcoin; havia também alguns outros produtos operacionais que tinham amadurecido a partir da prova de conceito no final de 2016. A partir de 2016, algumas empresas vêm testando a tecnologia e conduzindo uma implementação de baixo nível para avaliar os efeitos da cadeia de bloqueio na eficiência organizacional em seu back office.

Em 2019, foi estimado que cerca de US$ 2,9 bilhões foram investidos em tecnologia de cadeia de blocos, o que representa um aumento de 89% em relação ao ano anterior. Além disso, a International Data Corp estimou que o investimento corporativo em tecnologia de cadeias de blocos alcançará US$ 12,4 bilhões até 2022. Além disso, de acordo com a PricewaterhouseCoopers (PwC), a segunda maior rede de serviços profissionais do mundo, a tecnologia de cadeias de blocos tem o potencial de gerar um valor comercial anual de mais de US$ 3 trilhões até

2030. A estimativa da PwC é ainda aumentada por um estudo realizado em 2018, no qual a PwC pesquisou 600 executivos empresariais e determinou que 84% têm pelo menos alguma exposição à utilização da tecnologia de cadeias de blocos, o que indica uma demanda e interesse significativos na tecnologia de cadeias de blocos.

Em 2019, a série de rádio e podcast da BBC World Service *Fifty Things That Made the Modern Economy* identificou a cadeia de bloqueios como uma tecnologia que teria conseqüências de longo alcance para a economia e a sociedade. O economista e jornalista do *Financial Times* e o radialista Tim Harford discutiram por que a tecnologia subjacente poderia ter aplicações muito mais amplas e os desafios que precisavam ser superados. Primeira transmissão 29 de junho de 2019.

O número de carteiras em cadeia quadruplicou para 40 milhões entre 2016 e 2020.

Um artigo publicado em 2022 discutiu o uso potencial da tecnologia de cadeias de bloqueio na gestão sustentável

Cryptocurrencies

A maioria das moedas criptográficas utiliza tecnologia de cadeia de bloqueio para registrar transações. Por exemplo, a rede bitcoin e a rede Ethereum são ambas baseadas na blockchain.

A empresa criminosa Rota da Seda, que operava na Tor, utilizava moeda criptográfica para pagamentos, alguns dos quais o governo federal americano apreendeu através de pesquisas sobre a cadeia de bloqueio e confiscação.

Os governos têm políticas mistas sobre a legalidade de seus cidadãos ou bancos que possuem moedas criptográficas. A China implementa a tecnologia da cadeia de bloqueio em vários setores, incluindo uma moeda digital nacional, que foi lançada em 2020. Para fortalecer suas respectivas moedas, os governos ocidentais, incluindo a União Européia e os Estados Unidos, iniciaram projetos similares.

Contratos inteligentes

Contratos inteligentes baseados em cadeias de bloqueio são contratos propostos que podem ser parcial ou totalmente executados ou aplicados sem interação humana. Um dos principais objetivos de um contrato inteligente é o depósito automatizado. Uma característica chave dos contratos inteligentes é que eles não precisam de um terceiro de confiança (como um fiduciário) para atuar como intermediário entre as entidades contratantes - a rede Blockchain executa o contrato por conta própria. Isto pode reduzir o atrito entre as entidades ao transferir valor e pode posteriormente abrir a porta para um nível mais alto de automação da transação. Uma discussão dos funcionários do FMI a partir de 2018 relatou que contratos inteligentes baseados na tecnologia da cadeia de bloqueio poderiam reduzir os riscos morais e otimizar o uso de contratos em geral. Mas "ainda não surgiram sistemas de contratos inteligentes viáveis". Devido à falta de uso generalizado, seu status legal não era claro.

Serviços financeiros

De acordo com *Reason*, muitos bancos expressaram interesse em implementar livros contábeis distribuídos para uso em bancos e estão cooperando com empresas que criam cadeias de bloqueio privadas e, de acordo com um estudo da IBM de setembro de 2016, isto está ocorrendo mais rápido do que o esperado.

Os bancos estão interessados nesta tecnologia, sobretudo porque ela tem o potencial de acelerar os sistemas de liquidação de back office. Além disso, à medida que a indústria de blockchain atingiu a maturidade institucional, cresceu a apreciação de que ela é, praticamente falando, a infra-estrutura de toda uma nova indústria financeira, com todas as implicações que isso implica.

Bancos como o UBS estão abrindo novos laboratórios de pesquisa dedicados à tecnologia de cadeias de bloqueio a fim de explorar como a cadeia de bloqueio pode ser usada em serviços financeiros para aumentar a eficiência e reduzir custos.

Berenberg, um banco alemão, acredita que a Blockchain é uma "tecnologia super-hipedada" que teve um grande número de "provas de conceito", mas ainda tem grandes desafios, e muito poucas histórias de sucesso.

A cadeia de bloqueio também deu origem a ofertas iniciais de moedas (ICOs), assim como uma nova categoria de ativos digitais chamada ofertas de fichas de segurança (STOs), também chamadas às vezes de ofertas de segurança digital (DSOs). As STO/DSOs podem ser conduzidas de forma privada ou em bolsa de valores pública e regulamentada e são utilizadas para a venda de ativos tradicionais, tais como ações de empresas, bem como ativos mais inovadores como propriedade intelectual, bens imóveis, arte ou produtos individuais. Várias empresas estão ativas neste espaço prestando serviços de tokenization complacente, STOs privadas e STOs públicas.

Jogos

A tecnologia Blockchain, como moedas criptográficas e fichas não fungíveis (NFTs), tem sido utilizada em videogames para monetização. Muitos jogos de serviço ao vivo oferecem opções de personalização dentro do jogo, tais como peles de personagens ou outros itens dentro do jogo, que os jogadores podem ganhar e negociar com outros jogadores usando moeda dentro do jogo. Alguns jogos também permitem a comercialização de itens virtuais usando moeda do mundo real, mas isto pode ser ilegal em alguns países onde os jogos de vídeo são vistos como semelhantes ao jogo, e tem levado a questões do mercado cinzento como o jogo de pele, e, portanto, as editoras tipicamente se esquivaram de permitir que os jogadores ganhem fundos do mundo real com os jogos. Os jogos de Blockchain normalmente permitem que os jogadores troquem esses itens dentro do jogo por moeda criptográfica, que pode então ser trocada por dinheiro.

O primeiro jogo conhecido a utilizar tecnologias de cadeia de bloqueio foi o *CryptoKitties*, lançado em novembro de 2017, onde o jogador compraria NFTs com moeda criptográfica Ethereum, cada NFT consiste em um animal de estimação virtual que o jogador poderia reproduzir com outros para criar descendentes com características combinadas como novos NFTs. O jogo fez manchetes em dezembro de 2017 quando um animal de estimação virtual foi vendido por mais de 100.000 dólares. *CryptoKitties* também ilustrou problemas de escalabilidade para jogos no Ethereum quando criou um congestionamento significativo na rede Ethereum no início de 2018 com aproximadamente 30% de todas as transações do Ethereum sendo para o jogo.

No início da década de 2020, não havia tido sucesso em jogos de vídeo usando blockchain, pois esses jogos tendem a se concentrar no uso de blockchain para especulação ao invés de formas mais tradicionais de jogo, o que oferece um apelo limitado à maioria dos jogadores. Tais jogos também representam um alto risco para os investidores, uma vez que suas receitas podem ser difíceis de prever. Entretanto, os sucessos limitados de alguns jogos, como o *Axie Infinity* durante a pandemia da COVID-19, e os planos corporativos para conteúdo metaverso, alimentaram o interesse na área de GameFi, um termo que descreve a interseção de jogos de vídeo e financiamento tipicamente apoiado pela moeda da cadeia de bloqueios, na segunda metade de 2021. Várias grandes editoras, incluindo Ubisoft, Electronic Arts e Take Two Interactive, afirmaram que os jogos baseados em blockchain e NFT estão sendo seriamente considerados por suas empresas no futuro.

Em outubro de 2021, a Valve Corporation proibiu que os jogos em cadeia de bloqueio, incluindo aqueles que usavam moeda criptográfica e NFTs, fossem hospedados em seu serviço de loja digital Steam, que é amplamente utilizado para jogos de computador pessoal, alegando que esta era uma extensão de sua política de proibição de jogos que ofereciam itens no jogo com valor real. A história anterior da Valve com jogos de azar, especificamente jogos de pele, foi especulada como sendo um fator na decisão de banir os jogos em cadeia. Jornalistas e jogadores responderam positivamente à decisão da Valve, uma vez que os jogos de bloqueio e NFT têm uma reputação de golpes e fraudes entre a maioria dos jogadores de PC, a Epic Games, que administra a Loja Epic Games em competição com a Steam, disse que estaria aberta a jogos de bloqueio aceitos na sequência da recusa da Valve.

A cadeia de abastecimento

Houve vários esforços diferentes para empregar correntes de bloqueio no gerenciamento da cadeia de fornecimento.

- Mineração de commodities preciosas - A tecnologia Blockchain tem sido utilizada para rastrear as origens das pedras preciosas e outras commodities preciosas. Em 2016, *The Wall Street Journal* relatou que a empresa de tecnologia blockchain Everledger estava fazendo parceria com o serviço de rastreamento baseado em blockchain da IBM para rastrear a origem dos diamantes para garantir que eles fossem eticamente minerados. A partir de 2019, a

Diamond Trading Company (DTC) esteve envolvida na construção de um produto da cadeia de fornecimento do comércio de diamantes chamado Tracr.

- Fornecimento de alimentos - A partir de 2018, o Walmart e a IBM estavam realizando um teste para usar um sistema de suporte de cadeia de abastecimento para monitoramento da cadeia de abastecimento de alface e espinafre - todos os nós da cadeia de abastecimento eram administrados pelo Walmart e estavam localizados na nuvem da IBM.
- Indústria da moda - Existe uma relação opaca entre marcas, distribuidores e clientes da indústria da moda, o que impedirá o desenvolvimento sustentável e estável da indústria da moda. A Blockchain compensa esta falha e torna a informação transparente, resolvendo a dificuldade do desenvolvimento sustentável da indústria.

Nomes de domínio

Há vários esforços diferentes para oferecer serviços de nomes de domínio através da cadeia de bloqueio. Estes nomes de domínio podem ser controlados pelo uso de uma chave privada, a qual pretende permitir websites não censuráveis. Isto também contornaria a capacidade de um registrador de suprimir domínios utilizados para fraude, abuso ou conteúdo ilegal.

Namecoin é uma moeda criptográfica que suporta o domínio de primeiro nível ".bit" (TLD). A Namecoin foi bifurcada a partir do bitcoin em 2011. O TLD .bit não é sancionado pela ICANN, mas requer uma raiz DNS alternativa. A partir de 2015, o domínio .bit foi utilizado por 28 sites, de um total de 120.000 nomes registrados. Namecoin foi abandonado pelo OpenNIC em 2019, devido a malware e outros potenciais problemas legais. Outras alternativas de bloqueio à ICANN incluem *The Handshake Network*, *EmerDNS*, e *Unstoppable Domains*.

Os TLDs específicos incluem ".eth", ".luxe" e ".kred", que estão associados à cadeia de bloqueio Ethereum através do Ethereum Name Service (ENS). O TLD .kred também atua como uma alternativa aos endereços convencionais de carteira de moeda criptográfica como uma conveniência para a transferência de moeda criptográfica.

Outros usos

A tecnologia Blockchain pode ser usada para criar um sistema de registro permanente, público e transparente para compilar dados sobre vendas, rastrear o uso digital e pagamentos a criadores de conteúdo, tais como usuários sem fio ou músicos. A Pesquisa CIO Gartner 2019 relatou que 2% dos entrevistados do ensino superior haviam lançado projetos de Blockchain e outros 18% estavam planejando projetos acadêmicos nos próximos 24 meses. Em 2017, a IBM fez uma parceria com a ASCAP e a PRS for Music para adotar a tecnologia blockchain na distribuição de música. O serviço Mycelia da Imogen Heap também foi proposto como uma alternativa baseada em blockchain "que dá aos artistas mais controle sobre como suas músicas e dados associados circulam entre os fãs e outros músicos".

Novos métodos de distribuição estão disponíveis para o setor de seguros, tais como seguro peer-to-peer, seguro paramétrico e microsseguro após a adoção da blockchain. A economia de compartilhamento e a IOT também se beneficiam das cadeias de bloqueio porque envolvem muitos pares colaboradores. O uso de correntes de bloqueio em bibliotecas está sendo estudado com um subsídio do Instituto de Serviços de Museu e Biblioteca dos EUA.

Outros projetos de blockchain incluem o Hyperledger, um esforço colaborativo da Linux Foundation para apoiar livros contábeis distribuídos baseados em blockchain, com projetos sob esta iniciativa incluindo o Hyperledger Burrow (da Monax) e o Hyperledger Fabric (liderado pela IBM). Outro é o Quorum, um blockchain privado autorizado pelo JPMorgan Chase com armazenamento privado, usado para aplicações contratuais.

A Oracle introduziu um recurso de tabela de blocos em seu banco de dados Oracle 21c.

A Blockchain também está sendo usada no comércio de energia peer-to-peer.

O Blockchain pode ser usado na detecção de falsificações, associando identificadores únicos a produtos, documentos e remessas, e armazenando registros associados a transações que não podem ser forjadas ou alteradas. Entretanto, argumenta-se que a tecnologia de cadeia de bloqueio precisa ser complementada com tecnologias que forneçam uma forte ligação entre objetos físicos e sistemas de cadeia de bloqueio. A EUIPO estabeleceu um Fórum de Blockathon Anti-Counterfeiting, com o objetivo de "definir, pilotar e implementar" uma infra-estrutura anti-falsificação a nível europeu. A organização holandesa de normalização NEN utiliza a Blockchain junto com Códigos QR para autenticar certificados.

2022 Jan 30 Pequim e Xangai estão entre as cidades designadas pela China para julgar as aplicações da cadeia de bloqueios.

Interoperabilidade da cadeia de bloqueios

Com o número crescente de sistemas de cadeia de bloqueio surgindo, mesmo aqueles que suportam moedas criptográficas, a interoperabilidade da cadeia de bloqueio está se tornando um tópico de grande importância. O objetivo é apoiar a transferência de ativos de um sistema de cadeia de bloqueios para outro sistema de cadeia de bloqueios. Wegner afirmou que "a interoperabilidade é a capacidade de dois ou mais componentes de software de cooperar apesar das diferenças de idioma, interface e plataforma de execução". O objetivo da interoperabilidade da cadeia de bloqueio é, portanto, apoiar tal cooperação entre sistemas de cadeia de bloqueio, apesar desses tipos de diferenças.

Já existem várias soluções de interoperabilidade em cadeia de bloqueios disponíveis. Elas podem ser classificadas em três categorias: abordagens de interoperabilidade de moedas criptográficas, motores de correntes de bloqueio e conectores de correntes de bloqueio.

Vários participantes individuais da IETF produziram o esboço de uma arquitetura de interoperabilidade em cadeia de blocos.

Preocupações com o consumo de energia

Algumas moedas criptográficas utilizam a mineração em cadeia de blocos - os cálculos computadorizados peer-to-peer através dos quais as transações são validadas e verificadas. Isto requer uma grande quantidade de energia. Em junho de 2018, o Banco de Compensações Internacionais criticou o uso de cadeias de bloqueio de prova pública de trabalho por seu alto consumo de energia.

A preocupação inicial com o alto consumo de energia foi um fator em cadeias de bloqueio posteriores como Cardano (2017), Solana (2020) e Polkadot (2020) adotando o modelo de prova de consumo menos intensivo de energia. Os pesquisadores estimaram que a Bitcoin consome 100.000 vezes mais energia do que as redes de prova de consumo.

Em 2021, um estudo da Universidade de Cambridge determinou que Bitcoin (a 121 terawatt-hora por ano) consumia mais eletricidade do que a Argentina (a 121TWh) e os Países Baixos (109TWh). Segundo o Digiconomista, uma transação de bitcoin exigia 708 kilowatt-hora de energia elétrica, a quantidade que uma família americana média consumia em 24 dias.

Em fevereiro de 2021, a secretária do Tesouro dos EUA Janet Yellen chamou a Bitcoin de "uma forma extremamente ineficiente de conduzir transações", dizendo que "a quantidade de energia consumida no processamento dessas transações é espantosa". Em março de 2021, Bill Gates declarou que "a Bitcoin utiliza mais eletricidade por transação do que qualquer outro método conhecido pela humanidade", acrescentando "Não é uma coisa grande para o clima".

Nicholas Weaver, do Instituto Internacional de Informática da Universidade da Califórnia, Berkeley, examinou a segurança on-line da cadeia de bloqueios e a eficiência energética das cadeias de bloqueios públicos de prova de trabalho e, em ambos os casos, considerou-a extremamente inadequada. Os 31TWh-45TWh de eletricidade usados para bitcoin em 2018 produziram 17-23 milhões de toneladas de CO_2. Em 2022, a

Universidade de Cambridge e o Digiconomista estimaram que as duas maiores correntes de bloqueio de prova de trabalho, Bitcoin e Ethereum, juntas, utilizaram duas vezes mais eletricidade em um ano do que toda a Suécia, levando à liberação de até 120 milhões de toneladas de CO_2 a cada ano.

Alguns desenvolvedores de moedas criptográficas estão considerando passar do modelo de prova de trabalho para o modelo de prova de compra.

Pesquisa acadêmica

Em outubro de 2014, o MIT Bitcoin Club, com financiamento de ex-alunos do MIT, forneceu aos estudantes de graduação do Massachusetts Institute of Technology acesso a 100 dólares de bitcoin. As taxas de adoção, conforme estudadas por Catalini e Tucker (2016), revelaram que quando as pessoas que normalmente adotam tecnologias precocemente recebem acesso atrasado, elas tendem a rejeitar a tecnologia. Muitas universidades fundaram departamentos com foco em criptografia e cadeia de bloqueio, incluindo o MIT, em 2017. No mesmo ano, Edimburgo se tornou "uma das primeiras grandes universidades européias a lançar um curso de blockchain", de acordo com o *Financial Times*.

Decisão de adoção

As motivações para a adoção da tecnologia de cadeias de bloqueio (um aspecto da adoção da inovação) foram investigadas por pesquisadores. Por exemplo, Janssen, et al. forneceram uma estrutura para análise, e Koens & Poll apontou que a adoção poderia ser fortemente impulsionada por fatores não técnicos. Com base em modelos comportamentais, Li discutiu as diferenças entre a adoção em nível individual e em nível organizacional.

Colaboração

Estudiosos em negócios e administração começaram a estudar o papel das correntes de bloqueio para apoiar a colaboração. Tem sido argumentado que as correntes de bloqueio podem promover tanto a cooperação (isto é, prevenção de comportamento oportunista) quanto a coordenação (isto é, comunicação e compartilhamento de informações). Graças à confiabilidade, transparência, rastreabilidade dos registros e imutabilidade das informações, as cadeias de bloqueio facilitam a colaboração de uma forma diferente tanto do uso tradicional dos contratos quanto das normas relacionais. Ao contrário dos contratos, as cadeias de bloqueio não dependem diretamente do sistema jurídico para fazer cumprir os acordos. Além disso, ao contrário do uso de normas relacionais, as cadeias de bloqueio não exigem uma confiança ou conexões diretas entre colaboradores.

Bloqueio e auditoria interna

A necessidade de auditorias internas para proporcionar uma supervisão eficaz da eficiência organizacional exigirá uma mudança na forma como as informações são acessadas em novos formatos. A adoção da blockchain requer uma estrutura para identificar o risco de exposição associado às transações utilizando a blockchain. O Instituto de Auditores Internos identificou a necessidade de auditores internos para tratar dessa tecnologia transformadora. Novos métodos são necessários para desenvolver planos de auditoria que identifiquem ameaças e riscos. O estudo da Fundação de Auditoria Interna, *Blockchain e Auditoria Interna,* avalia esses fatores. O American Institute of Certified Public Accountants delineou novas funções para os auditores como resultado da Blockchain.

Periódicos

Em setembro de 2015, foi anunciada a primeira revista acadêmica revisada por pares dedicada à pesquisa de criptografia e tecnologia de correntes de bloqueio, *Ledger*. A edição inaugural foi publicada em dezembro de 2016. A revista cobre aspectos da matemática, ciência da computação, engenharia, direito, economia e filosofia relacionados com as moedas criptográficas. A revista encoraja os autores a assinar digitalmente um hash de arquivo de artigos submetidos, que são então marcados na cadeia de bloqueio de bitcoin. Os autores também são solicitados a incluir um endereço pessoal de bitcoin na primeira página de seus artigos para fins de não repúdio.

Nódulos de moedas criptográficas

Um *nó* é um computador que se conecta a uma rede de moedas criptográficas. O nó suporta a rede de moedas criptográficas através de transações de retransmissão, validação ou hospedagem de uma cópia da cadeia de bloqueio. Em termos de transações de relaying, cada computador de rede (nó) tem uma cópia da cadeia de bloqueio da moeda criptográfica que ele suporta. Quando uma transação é feita, o nó que cria a transação transmite detalhes da transação usando criptografia para outros nós em toda a rede do nó, para que a transação (e todas as outras transações) seja conhecida.

Os proprietários dos nós são voluntários, aqueles hospedados pela organização ou pelo órgão responsável pelo desenvolvimento da tecnologia da cadeia de bloqueio de moedas criptográficas, ou aqueles que são seduzidos a hospedar um nó para receber recompensas por hospedar a rede de nós.

Timestamping

As moedas criptográficas utilizam vários esquemas de registro de tempo para "provar" a validade das transações adicionadas ao livro razão da cadeia de bloqueio sem a necessidade de um terceiro de confiança.

O primeiro esquema de carimbo de tempo inventado foi o esquema de prova de trabalho. Os esquemas de prova de trabalho mais utilizados são baseados no SHA-256 e scrypt.

Alguns outros algoritmos de hashing que são usados para prova de trabalho incluem CryptoNight, Blake, SHA-3, e X11.

Outro método é chamado de esquema de prova de participação. A prova de compra é um método para assegurar uma rede de moedas criptográficas e alcançar um consenso distribuído, solicitando aos usuários que mostrem a propriedade de uma certa quantia de moeda. É diferente dos sistemas de prova de compra que executam algoritmos de hashing difíceis para validar transações eletrônicas. O esquema depende muito da moeda, e atualmente não há uma forma padrão dela. Algumas moedas criptográficas utilizam um esquema combinado de prova de trabalho e de prova de compra.

Mineração

Em uma cadeia de bloqueio, a *mineração* é a validação das transações. Por este esforço, os mineiros de sucesso obtêm novas moedas criptográficas como recompensa. A recompensa diminui as taxas de transação ao criar um incentivo complementar para contribuir para o poder de processamento da rede. A taxa de geração de hashes, que valida qualquer transação, foi aumentada pelo uso de máquinas especializadas como FPGAs e ASICs rodando algoritmos de hashing complexos como SHA-256 e scrypt. Esta corrida armamentista por máquinas mais baratas e eficientes já existe desde que a Bitcoin foi introduzida em 2009. A mineração é medida pela taxa de hash tipicamente em TH/s.

Com mais pessoas se aventurando no mundo da moeda virtual, gerar hashes para validação tornou-se mais complexo com o tempo, forçando os mineiros a investir somas cada vez maiores de dinheiro para melhorar o desempenho computacional. Consequentemente, a recompensa por encontrar um hash diminuiu e muitas vezes não justifica o investimento em equipamentos e instalações de resfriamento (para mitigar o calor que o equipamento produz), e a eletricidade necessária para operá-los. As regiões populares para mineração incluem aquelas com eletricidade barata, um clima frio e jurisdições com regulamentações claras e favoráveis. Em julho de 2019, o consumo de eletricidade da Bitcoin foi estimado em aproximadamente 7 gigawatts, cerca de

0,2% do total global, ou equivalente à energia consumida nacionalmente pela Suíça.

Alguns mineiros reúnem recursos, compartilhando seu poder de processamento através de uma rede para dividir a recompensa igualmente, de acordo com a quantidade de trabalho que eles contribuíram para a probabilidade de encontrar um bloco. Uma "ação" é concedida aos membros do pool de mineração que apresentam uma prova parcial de trabalho válida.

Em fevereiro de 2018, o governo chinês suspendeu o comércio de moeda virtual, proibiu a oferta inicial de moedas e fechou a mineração. Muitos mineiros chineses se mudaram desde então para o Canadá e Texas. Uma empresa está operando centros de dados para operações de mineração em campos de petróleo e gás canadenses, devido aos baixos preços do gás. Em junho de 2018, a Hydro Quebec propôs ao governo provincial a alocação de 500 megawatts de energia a empresas criptográficas para mineração. De acordo com um relatório da *Fortune de* fevereiro de 2018, a Islândia se tornou um paraíso para os mineiros de energia criptográfica em parte por causa de sua eletricidade barata.

Em março de 2018, a cidade de Plattsburgh, Nova York, colocou uma moratória de 18 meses em toda a mineração de moeda criptográfica, num esforço para preservar os recursos naturais e o "caráter e direção" da cidade. Em 2021, o Cazaquistão tornou-se o segundo maior país de mineração de moedas criptográficas, produzindo 18,1% da taxa global de exaustão. O país construiu um complexo contendo 50.000 computadores perto de Ekibastuz.

Aumento do preço da GPU

Um aumento na mineração de moedas criptográficas aumentou a demanda por placas gráficas (GPU) em 2017. O poder computacional das GPUs as torna bem adequadas para gerar hashes. Os favoritos dos mineiros de moedas criptográficas como as placas gráficas GTX 1060 e GTX 1070 da Nvidia, assim como as GPUs RX 570 e RX 580 da AMD, duplicaram ou triplicaram o preço - ou estavam fora de estoque. Uma GTX 1070 Ti que foi lançada ao preço de $450 vendida por até $1.100. Outro cartão popular, o GTX 1060 (modelo de 6 GB) foi lançado a um MSRP de $250, e vendido por quase $500. Os cartões RX 570 e RX 580 da AMD estiveram fora de estoque por quase um ano. Os mineiros compram regularmente todo o estoque de novas GPU's assim que estão disponíveis.

A Nvidia pediu aos varejistas que fizessem o que pudessem quando se tratasse de vender GPUs a jogadores em vez de mineiros. Boris Böhles, gerente de RP da Nvidia na região da Alemanha, disse: "Os gamers vêm primeiro para Nvidia".

Carteiras de moedas criptográficas

Uma carteira de moeda criptográfica é um meio de armazenar as "chaves" públicas e privadas (endereço) ou sementes que podem ser usadas para receber ou gastar a moeda criptográfica. Com a chave privada, é possível escrever no livro-razão público, gastando efetivamente a moeda criptográfica associada. Com a chave pública, é possível que outros enviem moeda para a carteira.

Existem múltiplos métodos de armazenamento de chaves ou sementes em uma carteira. Estes métodos vão desde o uso de carteiras de papel (que são chaves públicas, privadas ou sementes escritas em papel), até o uso de carteiras de hardware (que são hardware para armazenar informações de sua carteira), a uma carteira digital (que é um computador com um software que hospeda as informações de sua carteira), a hospedagem de sua carteira usando uma bolsa onde a moeda criptográfica é negociada, ou armazenando as informações de sua carteira em um meio digital, como o texto em plaqueta.

Anonimato

Bitcoin é pseudônimo, e não anônimo; a moeda criptográfica em uma carteira não está amarrada a uma pessoa, mas sim a uma ou mais chaves (ou "endereços") específicos. Assim, os proprietários da Bitcoin não são imediatamente identificáveis, mas todas as transações estão disponíveis publicamente na cadeia de bloqueio. Ainda assim, as trocas de moedas criptográficas são freqüentemente exigidas por lei para coletar as informações pessoais de seus usuários.

Algumas moedas criptográficas, tais como Monero, Zerocoin, Zerocash e CryptoNote, implementam medidas adicionais para aumentar a privacidade, tais como o uso de provas de zero-conhecimento.

Economia

As moedas criptográficas são utilizadas principalmente fora das instituições bancárias e governamentais e são trocadas através da Internet.

Recompensas de bloco

As moedas criptográficas de prova de trabalho, como o Bitcoin, oferecem incentivos em bloco para os mineiros. Tem havido uma crença implícita de que se os mineiros são pagos por recompensas em bloco ou taxas de transação não afeta a segurança da cadeia de bloqueio, mas um estudo sugere que este pode não ser o caso sob certas circunstâncias.

As recompensas pagas aos mineiros aumentam a oferta da moeda criptográfica. Ao certificar-se de que a verificação das transações é um negócio caro, a integridade da rede pode ser preservada desde que os nós benevolentes controlem a maioria do poder computacional. O algoritmo de verificação requer muito poder de processamento e, portanto, eletricidade, a fim de tornar a verificação dispendiosa o suficiente para validar com precisão a cadeia de bloqueio pública. Os mineiros não só têm que considerar os custos associados ao equipamento caro necessário para ter uma chance de resolver um problema de haxixe, mas também devem considerar a quantidade significativa de energia elétrica na busca da solução. Geralmente, as recompensas do bloco superam os custos de eletricidade e equipamento, mas isso pode não ser sempre o caso.

O valor atual, não o valor de longo prazo, da moeda criptográfica apóia o esquema de recompensa para incentivar os mineiros a se envolverem em atividades de mineração dispendiosas. Algumas fontes afirmam que o atual desenho do Bitcoin é muito ineficiente, gerando uma perda de bem-estar de 1,4% em relação a um sistema de dinheiro eficiente. A principal fonte para esta ineficiência é o grande custo da mineração, que é estimado em US$ 360 milhões por ano. Isto se traduz em usuários dispostos a aceitar um sistema de caixa com uma taxa de inflação de 230% antes de estarem em melhores condições de usar o Bitcoin como meio de pagamento. Entretanto, a eficiência do sistema Bitcoin pode ser significativamente melhorada pela otimização da taxa de criação de moedas e minimização das taxas de transação. Outra melhoria potencial é eliminar atividades de mineração ineficientes, alterando completamente o protocolo de consenso.

Taxas de transação

As taxas de transação para moedas criptográficas dependem principalmente da oferta de capacidade da rede no momento, em comparação com a demanda do detentor da moeda para uma transação mais rápida. O detentor da moeda pode escolher uma taxa de transação específica, enquanto as entidades da rede processam as transações na ordem da maior taxa oferecida até a menor. As trocas de moedas criptográficas podem simplificar o processo para os portadores de moedas, oferecendo alternativas prioritárias e assim determinar qual taxa provavelmente fará com que a transação seja processada no tempo solicitado.

Para o Ethereum, as taxas de transação diferem pela complexidade computacional, uso de largura de banda e necessidades de armazenamento, enquanto as taxas de transação Bitcoin diferem pelo tamanho da transação e se a transação usa SegWit. Em fevereiro de 2023, a taxa de transação mediana para Ether correspondia a $2,2845, enquanto para Bitcoin correspondia a $0,659.

Algumas moedas criptográficas não têm taxas de transação e, em vez disso, dependem da prova de trabalho do lado do cliente como o mecanismo de priorização da transação e anti-spam.

Trocas

As trocas de moedas criptográficas permitem aos clientes trocar moedas criptográficas por outros ativos, tais como o fiat money convencional, ou negociar entre diferentes moedas digitais.

Os mercados criptográficos não garantem que um investidor esteja concluindo uma compra ou negociação pelo preço ideal. Como resultado, a partir de 2020 foi possível fazer arbitragem para encontrar a diferença de preço em vários mercados.

Swaps atômicos

Os swaps atômicos são um mecanismo onde uma moeda criptográfica pode ser trocada diretamente por outra moeda criptográfica, sem a necessidade de um terceiro de confiança, como uma troca.

ATMs

Jordan Kelley, fundador da Robocoin, lançou o primeiro ATM Bitcoin nos Estados Unidos em 20 de fevereiro de 2014. O quiosque instalado em Austin, Texas, é semelhante aos caixas eletrônicos do banco, mas possui scanners para ler a identificação emitida pelo governo, como uma carteira de motorista ou um passaporte para confirmar a identidade dos usuários.

Ofertas iniciais de moedas

Uma oferta inicial de moeda (ICO) é um meio controverso de levantar fundos para um novo empreendimento de moeda criptográfica. Uma ICO pode ser utilizada por startups com a intenção de evitar a regulamentação. Entretanto, os reguladores de títulos em muitas jurisdições, inclusive nos EUA e Canadá, indicaram que se uma moeda ou ficha é um "contrato de investimento" (por exemplo, sob o teste Howey, ou seja, um investimento de dinheiro com uma expectativa razoável de lucro baseado significativamente nos esforços empresariais ou gerenciais de outros), é um título e está sujeito à regulamentação de títulos. Em uma campanha da ICO, uma porcentagem da moeda criptográfica (geralmente na forma de "fichas") é vendida aos primeiros financiadores do projeto em troca de moeda com curso legal ou outras moedas criptográficas, muitas vezes Bitcoin ou Ether.

De acordo com a PricewaterhouseCoopers, quatro das 10 maiores ofertas iniciais de moedas propostas utilizaram a Suíça como base, onde são freqüentemente registradas como fundações sem fins lucrativos. A agência reguladora suíça FINMA declarou que adotaria uma "abordagem equilibrada" para os projetos da ICO e permitiria que "os inovadores legítimos navegassem pelo cenário regulatório e assim lançassem seus projetos de forma consistente com as leis nacionais que protegem os investidores e a integridade do sistema financeiro". Em resposta a numerosas solicitações de representantes do setor, um grupo de trabalho legislativo da OIC começou a emitir diretrizes legais em 2018, que se destinam a remover a incerteza das ofertas de moedas criptográficas e a estabelecer práticas comerciais sustentáveis.

Tendências de preços

A capitalização de mercado de uma moeda criptográfica é calculada pela multiplicação do preço pelo número de moedas em circulação. A capitalização de mercado total da moeda criptográfica tem sido historicamente dominada pela Bitcoin, representando pelo menos 50% do valor da capitalização de mercado onde as altcoins aumentaram e diminuíram no valor da capitalização de mercado em relação à Bitcoin. O valor da Bitcoin é largamente determinado por especulações entre outros fatores limitantes tecnológicos conhecidos como recompensas em cadeia de bloqueio codificadas na própria tecnologia de arquitetura da Bitcoin. O limite de mercado de moedas criptográficas segue uma tendência conhecida como "redução pela metade", que é quando as recompensas de bloco recebidas da Bitcoin são reduzidas pela metade devido a fatores tecnológicos limitados e obrigatórios instilados na Bitcoin que, por sua vez, limita o fornecimento de Bitcoin. À medida que a data chega perto da metade (duas vezes até agora historicamente), o limite de mercado de moedas criptográficas aumenta, seguido por uma tendência de queda.

Em junho de 2021, a moeda criptográfica havia começado a ser oferecida por alguns gestores de riqueza nos EUA por 401(k)s.

Volatilidade

Os preços das moedas criptográficas são muito mais voláteis do que os ativos financeiros estabelecidos, como as ações. Por exemplo, mais de uma semana em maio de 2022, Bitcoin perdeu 20% de seu valor e Ethereum perdeu 26%, enquanto Solana e Cardano perderam 41% e 35% respectivamente. As quedas foram atribuídas a avisos sobre a inflação. Em comparação, na mesma semana, o índice de ações da Nasdaq tech caiu 7,6% e o FTSE 100 foi 3,6% menor.

A longo prazo, das 10 principais moedas criptográficas identificadas pelo valor total das moedas em circulação em janeiro de 2018, apenas quatro (Bitcoin, Ethereum, Cardano e Ripple (XRP)) ainda se encontravam nessa posição no início de 2022. O valor total de todas as moedas criptográficas era de US$ 2 trilhões no final de 2021, mas havia diminuído pela metade nove meses depois. O Wall Street Journal comentou que o setor criptográfico se tornou "entrelaçado" com o resto dos mercados de capitais e "sensível às mesmas forças que impulsionam os estoques de tecnologia e outros ativos de risco", tais como as previsões de inflação.

Bases de dados

Há também bancos de dados *centralizados*, fora das cadeias de bloqueio, que armazenam dados criptográficos do mercado. Em comparação com a cadeia de bloqueios, os bancos de dados funcionam rapidamente, pois não há processo de verificação. Quatro das bases de dados mais populares do mercado de moedas criptográficas são CoinMarketCap, CoinGecko, BraveNewCoin, e Cryptocompare.

Aspectos sociais e políticos

De acordo com Alan Feuer do *The New York Times*, libertários e anarco-capitalistas foram atraídos pela idéia filosófica por trás do Bitcoin. Roger Ver, o primeiro apoiador de Bitcoin, disse: "No início, quase todos os que se envolveram o fizeram por razões filosóficas. Vimos Bitcoin como uma grande idéia, como uma forma de separar o dinheiro do Estado". O economista Paul Krugman argumenta que as moedas criptográficas como Bitcoin são "algo de culto" baseadas em "fantasias paranóicas" do poder governamental.

David Golumbia diz que as idéias que influenciam os defensores do Bitcoin emergem de movimentos extremistas de direita como o Liberty Lobby e a John Birch Society e sua retórica anti Banco Central, ou, mais recentemente, Ron Paul e o libertário estilo Tea Party. Steve Bannon, que possui uma "boa participação" em Bitcoin, vê a moeda criptográfica como uma forma de populismo disruptivo, retomando o controle das autoridades centrais.

O fundador da Bitcoin, Satoshi Nakamoto, apoiou a idéia de que as moedas criptográficas combinam bem com o libertário: "É muito atraente para o ponto de vista libertário se pudermos explicá-lo corretamente". Nakamoto disse em 2008.

Segundo o Banco Central Europeu, a descentralização do dinheiro oferecida pela Bitcoin tem suas raízes teóricas na escola austríaca de economia, especialmente com

Friedrich von Hayek em seu livro *Denationalisation of Money: O Argumento Refinado*, no qual Hayek defende um mercado livre completo na produção, distribuição e gestão do dinheiro para acabar com o monopólio dos bancos centrais.

Aumento da regulamentação da moeda criptográfica

O aumento da popularidade das moedas criptográficas e sua adoção por instituições financeiras levou alguns governos a avaliar se a regulamentação é necessária para proteger os usuários. O Grupo de Ação Financeira Internacional (GAFI) definiu os serviços relacionados às moedas criptográficas como "fornecedores de serviços de ativos virtuais" (VASPs) e recomendou que eles fossem regulados com as mesmas exigências de lavagem de dinheiro (AML) e conheçam seus clientes (KYC) como instituições financeiras.

Em maio de 2020, o Grupo de Trabalho Conjunto sobre Padrões de Mensagens InterVASP publicou "IVMS 101", uma linguagem universal comum para a comunicação das informações necessárias sobre o originador e o beneficiário entre os VASPs. O GAFI e os reguladores financeiros foram informados à medida que o modelo de dados era desenvolvido.

Em junho de 2020, o GAFI atualizou suas orientações para incluir a "Regra de Viagem" para moedas criptográficas, uma medida que determina que os VASPs obtenham, detenham e troquem informações sobre os originadores e beneficiários de transferências virtuais de ativos. Especificações de protocolos subseqüentes padronizados recomendados usando JSON para retransmissão de dados entre os VASPs e os serviços de identidade. Em dezembro de 2020, o modelo de dados IVMS 101 ainda não foi finalizado e ratificado pelos três órgãos de definição de padrões globais que o criaram.

A Comissão Européia publicou uma estratégia de finanças digitais em setembro de 2020. Isto incluiu uma minuta de regulamentação sobre Mercados em Crypto-Assets (MiCA), que visava fornecer uma estrutura regulatória abrangente para ativos digitais na UE.

Em 10 de junho de 2021, o Comitê de Supervisão Bancária da Basiléia propôs que os bancos que detinham ativos em moedas criptográficas deveriam reservar capital para cobrir todas as perdas potenciais. Por exemplo, se um banco tivesse um patrimônio de Bitcoin no valor de US$ 2 bilhões, seria necessário reservar capital suficiente para cobrir todos os US$ 2 bilhões. Este é um padrão mais extremo do que os bancos costumam ter quando se trata de outros ativos. Entretanto, isto é uma proposta e não um regulamento.

O FMI está buscando uma abordagem coordenada, consistente e abrangente para supervisionar as moedas criptográficas. Tobias Adrian, consultor financeiro do FMI e chefe de seu departamento monetário e de mercado de capitais, disse em uma entrevista em janeiro de 2022 que "Chegar a um acordo sobre regulamentos globais nunca é rápido. Mas se começarmos agora, podemos alcançar o objetivo de manter a estabilidade financeira e ao mesmo tempo desfrutar dos benefícios que as inovações tecnológicas subjacentes trazem".

Estados Unidos

Em 2021, 17 estados aprovaram leis e resoluções relativas à regulamentação da moeda criptográfica. A Comissão de Valores Mobiliários dos Estados Unidos (SEC) está considerando quais medidas devem ser tomadas. Em 8 de julho de 2021, a Senadora Elizabeth Warren, parte do Comitê Bancário do Senado, escreveu ao presidente da SEC e exigiu que ela fornecesse respostas sobre a regulamentação da moeda criptográfica até 28 de julho de 2021, devido ao aumento do uso da moeda criptográfica e ao perigo que isso representa para os consumidores. Em 17 de fevereiro de 2022, o departamento de Justiça nomeou Eun Young Choi como o primeiro diretor de uma Equipe Nacional de Aplicação de Moeda Criptocênica para auxiliar na identificação e no tratamento do uso indevido de moedas criptográficas e outros ativos digitais.

Em fevereiro de 2023, a Securities and Exchange Commission (SEC) decidiu que a troca de moedas criptográficas da Kraken, estimada em $42 bilhões de dólares em ativos em carteira, operava globalmente como um vendedor ilegal de títulos. A empresa concordou em um acordo de US$ 30 milhões com a SEC e em cessar a venda de seu serviço de staking nos EUA. O caso teria impacto em outras grandes bolsas criptográficas operando programas de staking.

China

Em setembro de 2017, a China proibiu as ICOs de causar um retorno anormal da moeda criptográfica diminuindo durante a janela de anúncio. As mudanças de liquidez por meio da proibição das ICOs na China foram temporariamente negativas enquanto o efeito de liquidez se tornou positivo após as notícias.

Em 18 de maio de 2021, a China proibiu as instituições financeiras e empresas de pagamento de prestar serviços relacionados com transações em moeda criptográfica. Isto levou a uma queda acentuada no preço da maior prova das moedas criptográficas de trabalho. Por exemplo, a Bitcoin caiu 31%, a Ethereum caiu 44%, a Binance Coin caiu 32% e a Dogecoin caiu 30%. A prova de trabalho de mineração foi o próximo foco, com os reguladores nas regiões populares de mineração citando o uso de eletricidade gerada a partir de fontes altamente poluentes como o carvão para criar o Bitcoin e o Ethereum.

Em setembro de 2021, o governo chinês declarou ilegais todas as transações de moedas criptográficas de qualquer tipo, completando sua repressão à moeda criptográfica.

Reino Unido

No Reino Unido, a partir de 10 de janeiro de 2021, todas as empresas de moeda criptográfica, tais como bolsas, consultores e profissionais que têm presença, comercializam produtos ou prestam serviços dentro do mercado britânico devem se registrar junto à Autoridade de Conduta Financeira. Além disso, em 27 de junho de 2021, o órgão de fiscalização financeira exigiu que Binance, a maior bolsa de câmbio de moedas criptográficas do mundo, cessasse todas as atividades reguladas no Reino Unido.

África do Sul

A África do Sul, que tem visto um grande número de golpes relacionados à moeda criptográfica, está colocando em prática um cronograma regulatório que produzirá uma estrutura regulatória. O maior esquema ocorreu em abril de 2021, onde os dois fundadores de uma bolsa de moedas criptográficas com base na África chamada Africrypt, Raees Cajee e Ameer Cajee, desapareceram com 3,8 bilhões de dólares de Bitcoin. Além disso, a Mirror Trading International desapareceu com US$ 170 milhões de moeda criptográfica em janeiro de 2021.

Coréia do Sul

Em março de 2021, a Coréia do Sul implementou nova legislação para fortalecer sua supervisão dos ativos digitais. Esta legislação exige que todos os gerentes de ativos digitais, fornecedores e bolsas sejam registrados na Unidade de Inteligência Financeira da Coréia para que possam operar na Coréia do Sul. O registro nesta unidade exige que todas as trocas sejam certificadas pelo Sistema de Gerenciamento de Segurança da Informação e que garantam que todos os clientes tenham contas bancárias com nomes reais. Também exige que o CEO e os membros da diretoria das bolsas não tenham sido condenados por nenhum crime e que a bolsa possua níveis suficientes de seguro de depósito para cobrir perdas decorrentes de hacks.

Turquia

Em 30 de abril de 2021, o Banco Central da República da Turquia proibiu o uso de moedas criptográficas e criptoassets para fazer compras, com o argumento de que o uso de moedas criptográficas para tais pagamentos apresenta riscos significativos de transação.

El Salvador

Em 9 de junho de 2021, El Salvador anunciou que adotará o Bitcoin como moeda corrente, o primeiro país a fazê-lo.

Índia

No momento, a Índia não proíbe nem permite investimentos no mercado de moedas criptográficas. Em 2020, a Suprema Corte da Índia havia levantado a proibição da moeda criptográfica, que foi imposta pelo Banco Central da Índia. Desde então, um investimento em moeda criptográfica é considerado legítimo, embora ainda haja ambigüidade sobre as questões relativas à extensão e ao pagamento de impostos sobre a renda acumulada e também sobre seu regime regulatório. Mas está sendo considerado que o Parlamento indiano em breve aprovará uma lei específica para proibir ou regular o mercado de moedas criptográficas na Índia. Expressando sua opinião pública sobre o mercado indiano de moedas criptográficas a uma conhecida publicação online, um advogado líder em políticas públicas e vice-presidente da SAARCLAW (Associação para Cooperação Regional em Direito do Sul da Ásia) Hemant Batra disse que "o mercado de moedas criptográficas tornou-se agora muito grande com o envolvimento de bilhões de dólares no mercado, portanto, é agora inatingível e irreconciliável para o governo proibir completamente todos os tipos de moedas criptográficas e seu comércio e investimento". Ele sugeriu a regulamentação do mercado de moedas criptográficas em vez de proibí-lo completamente. Ele preferiu seguir as diretrizes do FMI e do GAFI a este respeito.

Suíça

A Suíça foi um dos primeiros países a implementar a regra de viagem do GAFI. FINMA, o regulador suíço, emitiu sua própria orientação para os VASPs em 2019. A orientação seguiu a Recomendação 16 do GAFI, porém com exigências mais rígidas. De acordo com as exigências da FINMA, os VASPs precisam verificar a identidade do beneficiário da transferência.

Legalidade da moeda criptográfica

O status legal das moedas criptográficas varia substancialmente de país para país e ainda não é definido ou está mudando em muitos deles. Pelo menos um estudo mostrou que amplas generalizações sobre o uso de Bitcoin nas finanças ilícitas são significativamente exageradas e que a análise da cadeia de bloqueio é uma ferramenta eficaz de combate ao crime e de coleta de informações. Embora alguns países tenham permitido explicitamente seu uso e comércio, outros o proibiram ou restringiram. De acordo com a Biblioteca do Congresso em 2018, uma "proibição absoluta" do comércio ou do uso de moedas criptográficas se aplica em oito países: Argélia, Bolívia, Egito, Iraque, Marrocos, Nepal, Paquistão e os Emirados Árabes Unidos. Uma "proibição implícita" se aplica em outros 15 países, que incluem Bahrein, Bangladesh, China, Colômbia, República Dominicana, Geórgia, Indonésia, Irã, Kuwait, Lesoto, Lituânia, Macau, Omã, Qatar, Arábia Saudita e Taiwan. Nos Estados Unidos e Canadá, os reguladores estaduais e provinciais de valores mobiliários, coordenados através da Associação Norte-Americana de Administradores de

Valores Mobiliários, estão investigando as "fraudes Bitcoin" e ICOs em 40 jurisdições.

Vários órgãos governamentais, departamentos e tribunais classificaram o Bitcoin de forma diferente. O Banco Central da China proibiu o manuseio de Bitcoins por instituições financeiras na China no início de 2014.

Na Rússia, embora a posse de moeda criptográfica seja legal, seus residentes só estão autorizados a comprar mercadorias de outros residentes usando o rublo russo, enquanto os não residentes estão autorizados a usar moeda estrangeira. Os regulamentos e proibições que se aplicam à Bitcoin provavelmente se estendem a sistemas similares de moeda criptográfica.

Em agosto de 2018, o Banco da Tailândia anunciou seus planos de criar sua própria moeda criptográfica, a Moeda Digital do Banco Central (CBDC).

Proibições de publicidade

Os anúncios de moeda criptográfica foram proibidos nas seguintes plataformas:

- Google - Encerrado em agosto de 2021
- Twitter
- Facebook - Encerrado em dezembro de 2021
- Bing - Fim de junho de 2022
- Snapchat
- LinkedIn
- MailChimp
- Baidu
- Tencent
- Weibo
- Linha
- Yandex

Situação fiscal nos EUA

Em 25 de março de 2014, a Receita Federal dos Estados Unidos (IRS) decidiu que a Bitcoin será tratada como propriedade para fins fiscais. Portanto, as moedas virtuais são consideradas mercadorias sujeitas ao imposto sobre ganhos de capital.

Preocupações legais relacionadas a uma economia global não regulamentada

Como a popularidade e a demanda por moedas online aumentou desde o início da Bitcoin em 2009, também aumentou a preocupação de que uma economia global tão desregulada que as moedas criptográficas oferecem pode se tornar uma ameaça para a sociedade. Abundam as preocupações de que altcoins possam se tornar ferramentas para criminosos anônimos da web.

As redes de moedas criptográficas mostram uma falta de regulamentação que tem sido criticada como permitindo aos criminosos que procuram fugir dos impostos e lavar dinheiro. Os problemas de lavagem de dinheiro também estão presentes em transferências bancárias regulares, porém com transferências bancárias bancárias, por exemplo, o titular da conta deve pelo menos fornecer uma identidade comprovada.

As transações que ocorrem através do uso e troca dessas altcoins são independentes dos sistemas bancários formais e, portanto, podem tornar a evasão fiscal mais simples para as pessoas físicas. Uma vez que o cálculo da renda tributável se baseia no que o destinatário reporta ao serviço de receita, torna-se extremamente difícil contabilizar as transações feitas utilizando as moedas criptográficas existentes, um modo de troca que é complexo e difícil de rastrear.

Os sistemas de anonimato que a maioria das moedas criptográficas oferece também podem servir como um meio mais simples de lavar dinheiro. Ao invés de lavar dinheiro através de uma rede intrincada de agentes financeiros e contas bancárias offshore, a lavagem de dinheiro através de altcoins pode ser alcançada através de transações anônimas.

A criptocurrência torna a aplicação da lei contra grupos extremistas mais complicada, o que consequentemente os fortalece. O supremacista branco Richard Spencer chegou ao ponto de declarar Bitcoin a "moeda da alt-direita".

Criptocurrency e crime

A moeda criptográfica e o crime descrevem exemplos notáveis de crimes cibernéticos relacionados ao roubo (ou à aquisição ilegal) de moedas criptográficas e alguns dos métodos ou vulnerabilidades de segurança comumente explorados. Criptojacking é uma forma de crime cibernético específica para moedas criptográficas que tem sido usada em sites da Internet para seqüestrar os recursos de uma vítima e usá-los para seqüestrar e minerar moedas criptográficas.

De acordo com a empresa de análise de cadeias de bloqueio Chainalysis, 0,15% das transações de moedas criptográficas conhecidas realizadas em 2021 estavam envolvidas em atividades ilícitas como crimes cibernéticos, lavagem de dinheiro e financiamento do terrorismo, representando um total de 14 bilhões de dólares.

Antecedentes

Há vários tipos de carteiras de moedas criptográficas disponíveis, com diferentes camadas de segurança, incluindo dispositivos, software para diferentes sistemas operacionais ou navegadores, e carteiras off-line.

Existem novas explorações exclusivas para bloquear transações que visam criar resultados não intencionais para aqueles que estão na outra ponta de uma transação. Uma das questões mais conhecidas que abre a possibilidade de explorações em Bitcoin é o problema de maleabilidade da transação.

O Relatório Immunefi Crypto Losses 2022 lista as perdas da indústria por fraudes e hacking como um total combinado de US$ 3,9 bilhões para o ano, e em US$ 8 bilhões para 2021.

Roubos notáveis

Em 2018, cerca de US$ 1,7 bilhões em moedas criptográficas foram perdidos em fraudes, roubos e fraudes. No primeiro trimestre de 2019, o montante de tais perdas subiu para US$ 1,2 bilhões. 2022 foi um ano recorde para o roubo de moeda criptográfica, segundo Chainalysis, com US$3 bilhões roubados durante 125 hacks do sistema.

Trocas

Os compromissos notáveis de troca de moedas criptográficas que resultam na perda de moedas criptográficas incluem:

- Em 2015, moedas criptográficas no valor de US$ 5 milhões foram roubadas da Bitstamp.
- Entre 2011 e 2014, foram roubados US$350 milhões de bitcoin do Monte Gox.
- Em 2016, US$ 72 milhões foram roubados através da exploração da carteira de troca da Bitfinex, os usuários foram reembolsados.
- Em 7 de dezembro de 2017, a bolsa de moedas criptográficas eslovena NiceHash relatou que hackers haviam roubado mais de 70 milhões de dólares usando um computador sequestrado da empresa.
- Em 19 de dezembro de 2017, Yapian, o proprietário da bolsa sul-coreana Youbit, entrou com pedido de falência após sofrer dois hacks naquele ano. Os clientes ainda tinham acesso a 75% de seus ativos.

- Em 2018, moedas criptográficas no valor de US$ 400 milhões foram roubadas da Coincheck.
- Em maio de 2018, a Bitcoin Gold teve suas transações sequestradas e abusadas por hackers desconhecidos. As trocas perderam cerca de $18 milhões e a Bitcoin Gold foi retirada da Bittrex depois que ela se recusou a pagar sua parte dos danos.
- Em junho de 2018, a Coinrail de troca sul-coreana foi invadida, perdendo mais de 37 milhões de dólares de criptos. A pirataria piorou uma selagem de moedas criptográficas já em andamento em mais 42 bilhões de dólares.
- Em 9 de julho de 2018, o banco de câmbio Bancor, cujo código e captação de recursos haviam sido objeto de controvérsia, teve US$ 23,5 milhões em moeda criptográfica roubada.
- Zaif US$ 60 milhões em Bitcoin, Bitcoin Cash e Monacoin roubados em setembro de 2018
- Em 2019 foram roubadas moedas criptográficas no valor de US$ 40 milhões.
- Suspeita-se que os fundadores da África se tenham evadido em junho de 2021 com um valor de 3,6 bilhões de dólares em Bitcoin

- A PolyNetwork (DeFi) sofreu a perda de US$ 611 milhões em um roubo em agosto de 2021.
- A troca de moedas criptográficas japonesas Líquido foi comprometida em agosto de 2021 resultando em uma perda de US$97 milhões em moedas digitais
- A Cream Finance esteve sujeita a um roubo de US$ 29 milhões em agosto de 2021 e US$ 130 milhões em 28 de outubro de 2021.
- Em 2 de dezembro de 2021, os usuários do BadgerDAO DeFi perderam cerca de $118.500.000 de bitcoin e $679.000 de tokens de etéreo em um ataque de front-end. Uma chave API comprometida da conta da rede de entrega de conteúdo Cloudflare permitiu a injeção de um script malicioso na interface web. O BadgerDAO "pausou" todos os contratos inteligentes devido a reclamações de usuários.
- Em 6 de dezembro de 2021, a troca de moedas criptográficas BitMart perdeu cerca de 135 milhões de dólares de Ethereum e uma estimativa de cerca de 46 milhões de dólares em outras moedas criptográficas devido a uma quebra de duas de suas carteiras. Embora a BitMart tenha declarado

que reembolsaria seus clientes, muitos clientes da BitMart não receberam nenhum dinheiro da troca em janeiro de 2022.

- Em 12 de dezembro de 2021, os usuários da VulcanForge perderam cerca de US$135 milhões de PYR devido a quebras de carteiras múltiplas. As trocas centralizadas de parceiros haviam sido notificadas do hack e eles se comprometeram a apreender quaisquer fundos roubados mediante depósito.
- Em 27 de janeiro de 2022, a Qubit Finance (DeFi) perdeu cerca de 80 milhões de dólares da Binance Coin devido a uma falha no contrato inteligente que permitiu a retirada da referida quantia em troca de um depósito de 0 ETH.
- Em março de 2022, o maior roubo de moeda criptográfica do ano, US$625 milhões em éter e moedas de US$, foi roubado da Rede Ronin. Os nós invadidos foram finalmente descobertos quando um usuário relatou ser incapaz de retirar fundos. O roubo foi posteriormente ligado ao Lazarus Group, um coletivo de hacking apoiado pelo estado norte-coreano, pelo Departamento do Tesouro dos Estados Unidos.

- Em 20 de setembro de 2022, o Wintermute foi invadido, resultando em um roubo de US$ 160 milhões. A empresa atribuiu a vulnerabilidade a um serviço utilizado pela plataforma que gera endereços de vaidade para contas digitais.

Carteiras

A *Carteira Parity* teve dois incidentes de segurança no valor de 666.773 ETH perdidos ou roubados. Em julho de 2017, devido a um erro no código multiassinatura, 153.037 ETH (aproximadamente US$32 milhões na época) foram roubados. Em novembro de 2017, uma falha subseqüente de múltiplas assinaturas em *Parity* levou a um bloqueio de 513.774 Ether (cerca de US$150 milhões na época) a ser inalcançável; a partir de março de 2019, os fundos ainda estavam congelados.

Energia

Entre os casos notáveis de roubo de eletricidade para a prova de trabalho de mina estão as moedas criptográficas:

- Em fevereiro de 2021 a polícia malaia prendeu seis homens envolvidos em uma operação de

mineração Bitcoin que havia roubado US$ 2 milhões em eletricidade
- As autoridades ucranianas encerraram uma fazenda de jogos subterrâneos e de moedas criptográficas em julho de 2021, acusadas de roubar US$ 259.300 de eletricidade por mês
- Em julho de 2021 as autoridades malaias destruíram 1.069 sistemas de mineração de moedas criptográficas acusadas de roubar eletricidade da rede
- Em maio de 2021, as autoridades britânicas fecharam uma suposta mina de bitcoin depois que a Western Power Distribution encontrou uma conexão ilegal com o fornecimento de eletricidade

Bitcoin

Tem havido muitos casos de roubo de bitcoin. Em dezembro de 2017, cerca de 980.000 bitcoin - mais de 5% de toda a bitcoin em circulação - foram perdidos em trocas de moedas criptográficas.

Um tipo de roubo envolve um terceiro acessando a chave privada de um endereço de bitcoin da vítima, ou de uma carteira on-line. Se a chave privada for roubada, todas as bitcoins do endereço comprometido podem ser transferidas. Nesse caso, a rede não tem nenhuma disposição para identificar o ladrão, bloquear outras transações dessas moedas roubadas ou devolvê-las ao proprietário legítimo.

O roubo também ocorre em locais onde as bitcoins são usadas para comprar mercadorias ilícitas. No final de novembro de 2013, cerca de US$ 100 milhões em bitcoins foram alegadamente roubados do mercado online de produtos ilícitos Sheep Marketplace, que fechou imediatamente. Os usuários rastrearam as moedas enquanto eram processadas e convertidas em dinheiro, mas nenhum dinheiro foi recuperado e nenhum culpado foi identificado. Um mercado negro diferente, a Rota da Seda 2, declarou que durante um hack em fevereiro de 2014, moedas de bitcoins avaliadas em $2,7 milhões foram retiradas de contas de garantia.

Sites onde os usuários trocam as bitcoins por dinheiro ou as armazenam em "carteiras" também são alvos de roubo. Inputs.io, um serviço de carteiras australiano, foi invadido duas vezes em outubro de 2013 e perdeu mais de US$ 1 milhão em "bitcoins". A GBL, uma plataforma de comércio de bitcoins chinesa, fechou subitamente em 26 de outubro de 2013; os assinantes, impossibilitados de entrar no sistema, perderam até US$ 5 milhões em bitcoins. No final de fevereiro de 2014, o Mt. Gox, uma das maiores bolsas de câmbio virtuais, entrou com pedido de falência em Tóquio em meio a relatos de que bitcoins no valor de US$ 350 milhões haviam sido roubados. Flexcoin, um especialista em armazenamento de bitcoin com sede em Alberta, Canadá, fechou em março de 2014 após dizer que descobriu um roubo de cerca de US$650.000 em bitcoins. O Poloniex, uma bolsa de moedas digital, relatou em março de 2014 que perdeu bitcoins avaliadas em cerca de US$50.000. Em janeiro de 2015, a terceira bolsa de bitcoins mais movimentada do mundo foi invadida e US$5 milhões em bitcoins foram roubados. Em fevereiro de 2015, uma bolsa chinesa chamada BTER perdeu bitcoins no valor de quase 2 milhões de dólares para hackers.

Uma grande troca de bitcoin, Bitfinex, foi invadida e quase 120.000 bitcoins (cerca de US$ 60 milhões) foram roubados em 2016. A Bitfinex foi forçada a suspender sua comercialização. O roubo foi o segundo maior roubo de bitcoin de todos os tempos, apenas anão pelo roubo do Mt. Gox em 2014. Segundo a *Forbes*, "Todos os clientes da Bitfinex,.... vão perder dinheiro". A empresa anunciou um corte de 36,067% em toda a linha". Após a pirataria, a empresa reembolsou os clientes. Em 2022, o governo americano recuperou 94.636 bitcoin (no valor aproximado de US$ 3,6 bilhões no momento da recuperação) dos roubos da bolsa Bitfinex em 2016. Em fevereiro de 2022, a quantidade de bitcoin roubada valia US$ 4,5 bilhões. Duas pessoas foram cobradas pelos roubos.

Em 7 de maio de 2019, os hackers roubaram mais de 7000 Bitcoins da Binance Cryptocurrency Exchange, no valor de mais de 40 milhões de dólares americanos. Zhao Changpeng, CEO do Binance, declarou: "Os hackers usaram uma variedade de técnicas, incluindo phishing, vírus, e outros ataques... Os hackers tiveram a paciência de esperar, e executar ações bem orquestradas através de múltiplas contas aparentemente independentes, no momento mais oportuno".

Os roubos têm levantado preocupações de segurança. Charles Hayter, fundador do site de comparação de moedas digitais CryptoCompare disse: "É um lembrete da fragilidade da infra-estrutura em uma indústria tão nascente". De acordo com a audiência do Comitê de Pequenas Empresas da Câmara dos Representantes dos EUA em 2 de abril de 2014, "esses fornecedores não têm supervisão regulatória, padrões mínimos de capital e não oferecem proteção ao consumidor contra perda ou roubo".

Ethereum

Em junho de 2016, os hackers exploraram uma vulnerabilidade no DAO para roubar US$ 50 milhões. Posteriormente, a moeda foi bifurcada no Ethereum Classic, e no Ethereum, com este último continuando com a nova cadeia de bloqueios sem as traduções exploradas.

Em 21 de novembro de 2017, a Tether anunciou que havia sido invadida, perdendo US$ 31 milhões em USDT de sua carteira principal do tesouro. A empresa "etiquetou" a moeda roubada, esperando "trancá-la" na carteira do hacker (tornando-a inutilizável).

Em 2022, os hackers criaram uma conta de assinatura em uma ponte de corrente de bloqueio chamada "Wormhole" e roubaram mais de 300 milhões de dólares de éter.

Fraude

A maioria dos esquemas de saída (ou *rugpulls*) bem como muitos esquemas de ponzi envolvendo moedas criptográficas são realizados através de Initial Coin Offerings (ICOs). Como exemplo, de acordo com um relatório do Satis Group, quase 80% de todos os projetos lançados através de uma ICO em 2017 foram esquemas fraudulentos. Esses esquemas geralmente envolvem a atração de investimentos da maioria dos investidores de varejo, inflacionando o preço e os perpetradores posteriormente abandonando o projeto em questão após a venda de suas próprias ações.

A novidade das ICOs é responsável pela atual falta de regulamentação governamental. Esta falta de medidas regulatórias, bem como o pseudônimo de transações em moeda criptográfica e sua natureza internacional através de inúmeras jurisdições em muitos países diferentes, pode tornar muito mais difícil identificar e tomar medidas legais contra os perpetradores envolvidos nestas fraudes. Desde 2017, a SEC tem perseguido ativamente grupos e indivíduos responsáveis por golpes relacionados à OIC.

Exemplos de golpes relacionados à ICO

- AriseCoin (AriseBank): *O AriseBank* se comercializou como o primeiro *banco descentralizado* do mundo, alegando falsamente ser capaz de oferecer contas seguradas pelo FDIC, cartões VISA, bem como serviços relacionados à moeda criptográfica e fazer outras declarações falsas. *O AriseBank* promoveu seu *AriseCoin* através do endosso de celebridades e mídias sociais, a fim de levantar os US$1 bilhão que a empresa estava almejando. Seu ICO foi suspenso pela SEC no início de 2018, com seu CEO e COO recebendo uma multa de US$2,7 milhões.

- BitConnect: Bitconnect estava entre as moedas criptográficas de maior desempenho em 2017, prometendo aos investidores enormes retornos através de um bot comercial. Em seu auge, atingiu uma capitalização de mercado de US$ 3,4 bilhões. No início de 2018 a troca deixou de funcionar com investidores perdendo milhões de dólares, totalizando US$14,5 milhões. Mais tarde, descobriu-se que os lucros iniciais foram gerados através de um esquema de ponzi, pagando a clientes anteriores com dinheiro feito através de clientes mais novos. Foram tomadas medidas legais contra os perpetradores em escala internacional.

- Centra: A Centra era uma empresa sediada em Miami que alegava oferecer um cartão de débito em moeda criptográfica respaldado por VISA e Mastercard. A empresa levantou US$32 milhões até outubro de 2017 através de uma ICO e alguns meses depois realizou uma operação de saída. Em abril de 2018, dois dos fundadores foram presos. Logo foi revelado que nem a Mastercard nem a VISA apoiaram a empresa em seus supostos esforços.

- Técnica moderna (PinCoin/iFan): Com sede no Vietnã, a Modern Tech hospedou duas ICOs separadas para *PinCoin,* bem como *iFan* prometendo retornos mensais de 48%. Após o sucesso inicial, os fundadores fugiram com aproximadamente US$660 milhões angariados de

32.000 investidores. Os fundadores ainda estão à solta e nenhum dos fundos foi recuperado.

- PlexCoin: Após Dominic Lacroix e Sabrina Paradis-Rogers (os fundadores do *PlexCoin*) terem levantado oficialmente cerca de US$ 15 milhões através de uma OIC fraudulenta em agosto de 2017 e prometerem um retorno de 1,354 % dentro de um mês, a SEC apresentou uma queixa civil em dezembro do mesmo ano contra eles e pediu uma liminar para cessar essas vendas, congelar os ativos envolvidos, pagar penalidades civis e proibir os responsáveis por trás do lançamento simbólico de participar em qualquer oferta futura de moeda criptográfica. Pouco depois de Lacroix ser condenado a dois meses de prisão e multado em Can$110.000 pelo Tribunal Superior de Quebec. Os procedimentos da SEC levam a multas de sete dígitos para os réus em 2019 e a uma recuperação dos fundos dos investidores. Durante o processo, a SEC conseguiu provar que o sucesso da ICO foi inflado pelos fundadores que, de fato, haviam levantado US$8,5 milhões em vez dos US$15 milhões que haviam anunciado.

Esquemas de Ponzi

Os esquemas Ponzi são outra forma comum de utilizar tecnologias baseadas em cadeias de bloqueios para cometer fraude. A maioria dos esquemas deste tipo utiliza esquemas de marketing multinível para incentivar os investidores a realizar investimentos de risco. Onecoin é um dos exemplos mais notáveis de esquemas de criptocurrency-ponzi: Fundada em 2014 por Ruja Ignatova, estima-se que a OneCoin tenha gerado US$ 4 bilhões em renda. Enquanto pelo menos na China alguns dos fundos dos investidores foram recuperados e vários membros da organização foram presos nos EUA, a própria Ignatova ainda está em liberdade.

Lavagem de dinheiro

Devido à incapacidade de terceiros de despersonalizar as transações criptográficas, as entidades criminosas têm recorrido frequentemente ao uso de moeda criptográfica para conduzir a lavagem de dinheiro. Especialmente as ICOs que não possuem diretrizes KYC e procedimentos contra lavagem de dinheiro são freqüentemente utilizadas para lavar fundos ilícitos devido ao pseudonimato oferecido por elas. Ao usar as ICOs, os criminosos lavam esses fundos comprando fichas de investidores legítimos e vendendo-as. Esta questão é intensificada pela falta de medidas contra a lavagem de dinheiro implementadas por trocas de moedas criptográficas centralizadas.

Um exemplo bem conhecido de lavagem de dinheiro usando moedas criptográficas é a Rota da Seda. Encerrado em 2013 com seu fundador Ross Ulbricht acusado, entre outras acusações de conspiração de lavagem de dinheiro, o site foi usado para diversas atividades ilícitas, incluindo lavagem de dinheiro usando apenas Bitcoin como forma de pagamento.

Além das tradicionais moedas criptográficas, os Tokens Não Fungíveis (NFT) também são comumente usados em conexão com atividades de lavagem de dinheiro. Os NFTs são freqüentemente usados para realizar operações de lavagem de dinheiro criando várias carteiras diferentes para um indivíduo, gerando várias vendas fictícias e conseqüentemente vendendo o respectivo NFT a terceiros. De acordo com um relatório de Chainalysis, estes tipos de lavagens estão se tornando cada vez mais populares entre os lavadores de dinheiro, especialmente devido à natureza amplamente anônima das transações nos mercados de NFTs. Plataformas de leilão para vendas de NFT podem enfrentar pressão regulatória para cumprir com a legislação contra lavagem de dinheiro.

Medidas regulamentares

O Canadá é geralmente considerado como o primeiro fator estadual a implementar medidas regulatórias que tratam da lavagem de dinheiro conduzida pelo uso de moedas criptográficas. Até 2013, a Financial Crimes Enforcement Network (FinCEN) - em referência direta ao câmbio centralizado Mt. Gox - emitiu regulamentos deixando claro que todos os cambistas criptográficos tinham que aplicar a KYC- bem como métodos contra a lavagem de dinheiro. Qualquer transação suspeita deve, portanto, ser comunicada às autoridades. As trocas centralizadas têm que ser registradas como transmissoras de dinheiro, com a definição exata de quem e o que constitui um *transmissor de dinheiro* na criptofera sendo um tanto ou quanto confusa e os regulamentos diferindo entre os diferentes estados dos EUA.

Como parte da *Quarta Diretiva Anti-Lavagem de Dinheiro* de 2015 e em um esforço para combater a lavagem de dinheiro e o financiamento do terrorismo, a União Européia emitiu uma diretiva que obriga todos os Estados membros a se certificarem de que as trocas criptográficas sejam licenciadas e registradas. Além disso, a UE está planejando tomar medidas para assegurar que todos os clientes de trocas de moedas criptográficas verifiquem sua identidade como parte do processo de registro.

Em relação ao NFTS

As plataformas de leilão para vendas NFT podem enfrentar pressões regulatórias para cumprir com a legislação contra a lavagem de dinheiro. Um estudo do Tesouro dos Estados Unidos de fevereiro de 2022 avaliou que havia "alguma evidência de risco de lavagem de dinheiro no mercado de arte de alto valor", inclusive através do "mercado emergente de arte digital, tal como o uso de fichas não fungíveis (NFTs)". O estudo considerou como as transações NFT podem ser uma opção mais simples para a lavagem de dinheiro através da arte, evitando as complicações de transporte ou seguro no comércio de arte física. Várias bolsas NFT foram rotuladas como prestadores de serviços de bens virtuais que podem estar sujeitos aos regulamentos da Financial Crimes Enforcement Network.

A União Européia ainda tem que estabelecer regulamentações específicas para combater a lavagem de dinheiro através das NFTs. A Comissão Européia anunciou em julho de 2022 que está planejando elaborar regulamentos relativos a essa questão até 2024.

Outros exemplos

Josh Garza, que fundou as empresas GAW Miners e ZenMiner em 2014, reconheceu em um acordo de alegação que as empresas faziam parte de um esquema em pirâmide, e se declarou culpado de fraude bancária em 2015. A U.S. Securities and Exchange Commission (Comissão de Valores Mobiliários e Câmbio dos EUA) interpôs separadamente uma ação civil contra Garza, que acabou sendo condenada a pagar uma sentença de US$9,1 milhões mais US$700.000 em juros. A queixa da SEC declarou que Garza, através de suas empresas, havia vendido fraudulentamente "contratos de investimento representando ações dos lucros que eles alegavam que seriam gerados" da mineração. Garza foi posteriormente declarado culpado de fraude e condenado a pagar US$ 9 milhões e começar a cumprir uma pena de 21 meses a partir de janeiro de 2019 pela Procuradoria do Distrito de Connecticut.

A comunidade de moedas criptográficas se refere à pré-mina, lançamentos ocultos, ICO ou recompensas extremas para os fundadores de altcoin como práticas enganosas. Isto é, às vezes, uma parte inerente do projeto da moeda criptográfica. Pré-mineração refere-se à prática de gerar a moeda antes de sua liberação para o público.

O fundador e CEO da Alameda Research, FTX Sam Bankman-Fried, foi indiciado pelo Tribunal Distrital dos EUA para o Distrito Sul de Nova York em dezembro de 2022 e acusado de fraude de mercadorias e de fraudes com fio, fraude de títulos e lavagem de dinheiro, bem como de violação das leis de financiamento de campanhas.

Malware

Alguns malwares podem roubar chaves privadas para carteiras de bitcoin, permitindo que as próprias bitcoins sejam roubadas. O tipo mais comum procura nos computadores por carteiras de moedas criptográficas para carregá-las em um servidor remoto onde elas podem ser quebradas e suas moedas foram roubadas. Muitas destas também registram as teclas para registrar as senhas, muitas vezes evitando a necessidade de craquear as chaves. Uma abordagem diferente detecta quando um endereço de bitcoin é copiado para uma prancheta e rapidamente o substitui por um endereço diferente, enganando as pessoas a enviarem bitcoins para o endereço errado. Este método é eficaz porque as transações de bitcoin são irreversíveis.[57]

Um vírus, espalhado através do botnet Pony, foi reportado em fevereiro de 2014 como tendo roubado até $220.000 em moedas criptográficas, incluindo bitcoins de 85 carteiras. A empresa de segurança Trustwave, que rastreou o malware, informou que sua última versão foi capaz de roubar 30 tipos de moeda digital.

Um tipo de malware Mac ativo em agosto de 2013, Bitvanity se apresentou como um gerador de endereços de carteiras de vaidade e roubou endereços e chaves privadas de outros softwares clientes Bitcoin. Um trojan diferente para MacOS, chamado CoinThief, foi reportado em fevereiro de 2014 para ser responsável por vários roubos de bitcoin. O software foi escondido em versões de alguns aplicativos de moedas criptográficas em Download.com e MacUpdate.

Ransomware

Muitos tipos de resgate exigem pagamento em bitcoin. Um programa chamado CryptoLocker, tipicamente espalhado através de anexos de e-mail de aparência legítima, criptografa o disco rígido de um computador infectado, depois exibe um contador regressivo e exige um resgate em bitcoin, para descriptografá-lo. A polícia de Massachusetts disse ter pago um resgate de 2 bitcoin em novembro de 2013, no valor de mais de US$1.300 na época, para decriptografar um de seus discos rígidos. Uma variante do programa de resgate desabilita o acesso à Internet e exige informações de cartão de crédito para restaurá-lo, enquanto que a mineração secreta de bitcoins.

A partir de junho de 2018, a maioria dos atacantes de resgate preferiu usar outras moedas além do bitcoin, com 44% dos ataques na primeira metade de 2018 exigindo Monero, que é altamente privado e difícil de rastrear, em comparação com 10% para o bitcoin e 11% para o Ether.

Mineração não autorizada

Um site de phishing para geração de frases-passe de carteiras privadas da IOTA e coleta de chaves de carteira, com estimativas de até US$4 milhões de fichas MIOTA roubadas. O site malicioso funcionou por um tempo desconhecido e foi descoberto em janeiro de 2018.

Fábricas de fraude

As fábricas de fraude na Ásia traficam trabalhadores para enganar os ocidentais na compra de moedas criptográficas on-line.

Outros incidentes

Em 2015, dois membros da Silk Road Task Force - uma força-tarefa federal multiagência que realizou a investigação americana sobre a Silk Road - foram condenados por acusações de corrupção. O ex-agente da DEA, Carl Mark Force, tentou extorquir o fundador da Silk Road, Ross Ulbricht ("Dread Pirate Roberts"), fingindo o assassinato de um informante. Ele se declarou culpado de lavagem de dinheiro, obstrução à justiça e extorsão sob a cor do direito oficial, e foi condenado a 6,5 anos de prisão federal. O ex-agente do Serviço Secreto dos EUA, Shaun Bridges, confessou-se culpado de crimes relacionados ao seu desvio de US$ 800.000 de bitcoins para sua conta pessoal durante a investigação, e também, separadamente, confessou-se culpado de lavagem de dinheiro em conexão com outro roubo de moeda criptográfica. As pontes foram condenadas a quase oito anos de prisão federal.

Gerald Cotten fundou a QuadrigaCX em 2013, após graduar-se na Schulich School of Business em Toronto. Cotten atuava como o único curador do intercâmbio. A QuadrigaCX não tinha contas bancárias oficiais, uma vez que na época os bancos não tinham nenhum método de gerenciamento de moeda criptográfica. No final de 2018, a maior troca criptográfica do Canadá, a QuadrigaCX perdeu US$190 milhões em moeda criptográfica quando o proprietário morreu; ele era o único com conhecimento da senha de uma carteira de armazenamento. A troca entrou com pedido de falência em 2019.

Michael Terpin, o fundador e diretor executivo do Transform Group, uma empresa sediada em San Juan, Porto Rico, que assessora empresas de blockchain em relações públicas e comunicação, processou Ellis Pinsky em Nova York em 7 de maio de 2020, por liderar uma "sofisticada onda de crimes cibernéticos" que roubou US$ 24 milhões em moeda criptográfica ao invadir o telefone da Terpin em 2018. Terpin também processou Nicholas Truglia e ganhou um julgamento de 75,8 milhões de dólares contra Truglia em 2019 no tribunal estadual da Califórnia.

Em 15 de julho de 2020, contas no Twitter de personalidades e empresas proeminentes, incluindo Joe Biden, Barack Obama, Bill Gates, Elon Musk, Jeff Bezos, Apple, Kanye West, Michael Bloomberg e Uber foram pirateados. O Twitter confirmou que foi um ataque coordenado de engenharia social a seus próprios funcionários. O Twitter divulgou sua declaração seis horas após a ocorrência do ataque. Os hackers postaram a mensagem para transferir a Bitcoin em uma carteira Bitcoin, o que dobraria a quantidade. Esperava-se que o saldo da carteira aumentasse para mais de 100.000 dólares à medida que a mensagem se espalhasse entre os seguidores do Twitter.

Em 2022, a Comissão Federal de Comércio informou que US$ 139 milhões em moeda criptográfica foram roubados por trapaceiros românticos em 2020. Alguns golpistas visavam aplicações de namoro com perfis falsos.

No início de 2022, a moeda criptográfica Beanstalk foi retirada de suas reservas, avaliadas em mais de US$180 milhões, depois que os atacantes conseguiram usar US$80 milhões emprestados em moeda criptográfica para comprar direitos de voto suficientes para transferir as reservas para suas próprias contas fora do sistema. Inicialmente não estava claro se tal exploração dos procedimentos de governança era ilegal.

Mercados de Darknet

As propriedades das moedas criptográficas lhes deram popularidade em aplicações como um porto seguro em crises bancárias e meios de pagamento, o que também levou ao uso de moedas criptográficas em cenários controversos na forma de mercados negros on-line, como a Rota da Seda. A Rota da Seda original foi encerrada em outubro de 2013 e, desde então, existem mais duas versões em uso. No ano seguinte ao encerramento inicial da Rota da Seda, o número de mercados escuros proeminentes aumentou de quatro para doze, enquanto a quantidade de listas de drogas aumentou de 18.000 para 32.000.

Os mercados de Darknet apresentam desafios no que diz respeito à legalidade. As moedas criptográficas usadas nos mercados escuros não são classificadas claramente ou legalmente em quase todas as partes do mundo. Nos Estados Unidos, as bitcoins são rotuladas como "bens virtuais". Este tipo de classificação ambígua coloca pressão sobre as agências de aplicação da lei em todo o mundo para que se adaptem ao comércio de drogas mutável dos mercados escuros.

Lavagens

Vários estudos descobriram que o crypto-trading está repleto de negociações de lavagem. O comércio de lavagem é um processo, ilegal em algumas jurisdições, envolvendo compradores e vendedores sendo a mesma pessoa ou grupo, e pode ser usado para manipular o preço de uma moeda criptográfica ou inflar artificialmente o volume. Bolsas com volumes maiores podem exigir prêmios mais altos dos emissores de fichas. Um estudo de 2019 concluiu que até 80% dos negócios em trocas de moedas criptográficas não regulamentadas poderiam ser lavados. Um relatório de 2019 da Bitwise Asset Management afirmava que 95% de todo o volume de trocas Bitcoin reportado no principal website CoinMarketCap tinha sido gerado artificialmente, e das 81 trocas estudadas, apenas 10 forneciam números legítimos de volume.

Como uma ferramenta para escapar de sanções

Em 2022, as moedas criptográficas chamaram a atenção quando nações ocidentais impuseram severas sanções econômicas à Rússia, após sua invasão da Ucrânia em fevereiro. Entretanto, fontes americanas advertiram em março que algumas transações criptográficas poderiam ser usadas para evitar sanções econômicas contra a Rússia e Belarus.

Em abril de 2022, o programador de computadores Virgil Griffith recebeu uma sentença de cinco anos de prisão nos EUA por participar de uma conferência de moedas criptográficas de Pyongyang, onde fez uma apresentação sobre cadeias de bloqueio que poderiam ser usadas para evasão de sanções.

Impactos e análises

O Banco de Compensações Internacionais resumiu várias críticas às moedas criptográficas no Capítulo V de seu relatório anual de 2018. As críticas incluem a falta de estabilidade em seu preço, o alto consumo de energia, os custos elevados e variáveis das transações, a baixa segurança e a fraude nas trocas de moedas criptográficas, a vulnerabilidade ao rebaixamento (da bifurcação), e a influência dos mineiros.

Especulação, fraude e adoção

As moedas criptográficas têm sido comparadas aos esquemas de Ponzi, esquemas em pirâmide e bolhas econômicas, como as bolhas do mercado imobiliário. Howard Marks of Oaktree Capital Management declarou em 2017 que as moedas digitais eram "nada mais que uma moda infundada (ou talvez até um esquema em pirâmide), baseada na vontade de atribuir valor a algo que tem pouco ou nenhum além do que as pessoas vão pagar por isso", e as comparou com a mania da tulipa (1637), bolha do Mar do Sul (1720), e bolha ponto-com (1999), que todas experimentaram profundos aumentos de preço e bustos.

Reguladores em vários países alertaram contra a moeda criptográfica e alguns tomaram medidas para dissuadir os usuários. Entretanto, pesquisas realizadas em 2021 pelo órgão regulador financeiro do Reino Unido sugerem que tais advertências ou não foram ouvidas, ou foram ignoradas. Menos de um em cada 10 compradores potenciais de moedas criptográficas estava ciente das advertências aos consumidores no site da FCA, e 12% dos usuários de moedas criptográficas não estavam cientes de que suas propriedades não estavam protegidas por uma compensação legal. De 1.000 entrevistados entre 18 e 40 anos de idade, quase 70% assumiram falsamente que as moedas criptográficas eram regulamentadas, 75% dos investidores de criptografia mais jovens afirmaram ser movidos pela concorrência com amigos e familiares, 58% disseram que as mídias sociais os atraíram para fazer investimentos de alto risco. A FCA recomenda fazer uso de sua lista de alerta, que sinaliza as empresas financeiras não autorizadas.

Muitos bancos não oferecem serviços de moeda virtual e podem se recusar a fazer negócios com empresas de moeda virtual. Em 2014, Gareth Murphy, um alto funcionário bancário, sugeriu que a adoção generalizada de moedas criptográficas pode levar a que muito dinheiro seja ofuscado, cegando os economistas que usariam tais informações para melhor conduzir a economia. Embora os produtos financeiros tradicionais tenham forte proteção ao consumidor, não há intermediário com poder para limitar as perdas do consumidor em caso de perda ou roubo de Bitcoins. Uma das características da moeda criptográfica que falta em comparação com os cartões de crédito, por exemplo, é a proteção do consumidor contra fraudes, tais como chargebacks.

A entidade reguladora francesa Autorité des marchés financiers (AMF) lista 16 websites de empresas que solicitam investimentos em moeda criptográfica sem estarem autorizadas a fazê-lo na França.

Um artigo do National Bureau of Economic Research de outubro de 2021 descobriu que a Bitcoin sofre de risco sistêmico, uma vez que os 10.000 maiores tratam do controle de cerca de um terço de toda a Bitcoin em circulação. É ainda pior para os mineiros da Bitcoin, com 0,01% controlando 50% da capacidade. De acordo com o pesquisador Flipside Crypto, menos de 2% das contas anônimas controlam 95% de todo o fornecimento de Bitcoin disponível. Isto é considerado arriscado, pois uma grande parte do mercado está nas mãos de algumas entidades.

Um trabalho de John Griffin, professor de finanças da Universidade do Texas, e Amin Shams, um estudante de pós-graduação, descobriram que em 2017 o preço do Bitcoin tinha sido substancialmente inflado usando outra moeda criptográfica, o Tether.

Roger Lowenstein, autor de "*Bank of America*": *The Epic Struggle to Create the Federal Reserve*", diz em um artigo do New York Times que o FTX enfrentará mais de 8 bilhões de dólares em reivindicações.

Fichas não-fungáveis

As fichas não fungíveis (NFTs) são ativos digitais que representam arte, colecionáveis, jogos, etc. Como a criptografia, seus dados são armazenados na cadeia de bloqueio. As NFTs são compradas e comercializadas usando moeda criptográfica. A cadeia de bloqueio Ethereum foi o primeiro lugar onde as NFTs foram implementadas, mas agora muitas outras cadeias de bloqueio criaram suas próprias versões de NFTs. A popularidade das NFTs tem aumentado desde 2021.

Bancos

Como o primeiro grande banco de Wall Street a adotar as moedas criptográficas, a Morgan Stanley anunciou em 17 de março de 2021 que oferecerá acesso aos fundos Bitcoin para seus clientes ricos através de três fundos que permitem a propriedade Bitcoin para investidores com uma tolerância agressiva ao risco. O BNY Mellon anunciou em 11 de fevereiro de 2021 que começaria a oferecer serviços de moedas criptográficas a seus clientes.

Em 20 de abril de 2021, a Venmo adicionou suporte à sua plataforma para permitir aos clientes comprar, segurar e vender moedas criptográficas.

Em outubro de 2021, a empresa de serviços financeiros Mastercard anunciou que está trabalhando com o gerente de ativos digitais Bakkt em uma plataforma que permitiria a qualquer banco ou comerciante da rede Mastercard oferecer serviços de moeda criptográfica.

Impacto ambiental

A mineração para a prova de trabalho de moedas criptográficas requer enormes quantidades de eletricidade e, conseqüentemente, vem com uma grande pegada de carbono devido à emissão de gases de efeito estufa. As cadeias de bloqueio de prova de trabalho como Bitcoin, Ethereum, Litecoin e Monero foram estimadas em ter adicionado entre 3 milhões e 15 milhões de toneladas de dióxido de carbono (CO_2) à atmosfera no período de 1 de janeiro de 2016 a 30 de junho de 2017. Até novembro de 2018, o Bitcoin foi estimado em um consumo anual de energia de 45,8TWh, gerando 22,0 a 22,9 milhões de toneladas de CO_2, nações rivalizantes como Jordânia e Sri Lanka. No final de 2021, a Bitcoin foi estimada em produzir 65,4 milhões de toneladas de CO_2, tanto quanto a Grécia, e consumir entre 91 e 177 terawatt-hora anualmente.

Os críticos também identificaram um grande problema de resíduos eletrônicos no descarte de plataformas de mineração. O hardware de mineração está melhorando a um ritmo acelerado, resultando rapidamente em gerações mais antigas de hardware.

O bitcoin é a moeda criptográfica de menor eficiência energética, utilizando 707,6 quilowatt-hora de eletricidade por transação.

A segunda maior moeda criptográfica do mundo, o Ethereum, utiliza 62,56 quilowatt-hora de eletricidade por transação. O XRP é a moeda criptográfica de maior eficiência energética do mundo, usando 0,0079 quilowatt-hora de eletricidade por transação.

Embora as maiores cadeias de bloqueio PoW consumam energia na escala dos países de médio porte, a demanda anual de energia das cadeias de bloqueio de prova de consumo (PoS) está em uma escala equivalente a um conjunto habitacional. *O Times* identificou seis moedas criptográficas "ecologicamente corretas": Chia, IOTA, Cardano, Nano, Solarcoin e Bitgreen. Acadêmicos e pesquisadores têm usado vários métodos para estimar o uso de energia e a eficiência energética das correntes de bloqueio. Um estudo das seis maiores redes de prova de consumo foi concluído em maio de 2021:

- O Cardano tem o menor consumo de eletricidade por nó;
- Polkadot tem o menor consumo de eletricidade em geral; e
- Solana tem o menor uso de eletricidade por transação.

Em termos de consumo anual (kWh/ano), os números foram: Polkadot (70.237), Tezos (113.249), Avalanche (489.311), Algorand (512.671), Cardano (598.755) e Solana (1.967.930). Isto equivale a Polkadot consumindo 7 vezes mais a eletricidade de uma casa americana média, Cardano 57 casas e Solana 200 vezes mais. A pesquisa concluiu que as redes PoS consumiram 0,001% da eletricidade da rede Bitcoin. Os pesquisadores do University College London chegaram a uma conclusão semelhante.

As centrais elétricas de energia renovável variável poderiam investir na mineração de Bitcoin para reduzir os cortes, cobrir o risco do preço da eletricidade, estabilizar a rede, aumentar a rentabilidade das centrais de energia renovável e, portanto, acelerar a transição para a energia sustentável.

Limitações tecnológicas

Há também elementos puramente técnicos a serem considerados. Por exemplo, o avanço tecnológico em moedas criptográficas como o Bitcoin resulta em altos custos iniciais para os mineiros sob a forma de hardware e software especializados. As transações em moedas criptográficas são normalmente irreversíveis após uma série de blocos confirmarem a transação. Além disso, chaves privadas em moeda criptográfica podem ser permanentemente perdidas do armazenamento local devido a malware, perda de dados ou destruição da mídia física. Isto impede que a moeda criptográfica seja gasta, resultando em sua remoção efetiva dos mercados.

Estudos acadêmicos

Em setembro de 2015, foi anunciada a criação da revista acadêmica *Ledger* (ISSN 2379-5980), revisada por pares. Ela cobre estudos de moedas criptográficas e tecnologias relacionadas, e é publicada pela Universidade de Pittsburgh.

A revista encoraja os autores a assinar digitalmente um hash de arquivo de artigos submetidos, que será então carimbado na cadeia de bloqueios Bitcoin. Os autores também são convidados a incluir um endereço Bitcoin pessoal na primeira página de seus artigos.

Agências de ajuda

Várias agências de ajuda começaram a aceitar doações em moedas criptográficas, incluindo a UNICEF. Christopher Fabian, conselheiro principal da UNICEF Innovation, disse que o fundo para crianças manteria os protocolos de doação, o que significa que as pessoas que fizessem doações on-line teriam que passar cheques antes de serem autorizadas a depositar fundos.

Entretanto, em 2021, houve um retrocesso contra as doações em Bitcoin por causa das emissões ambientais que causou. Algumas agências deixaram de aceitar a Bitcoin e outras se voltaram para moedas criptográficas "mais verdes". O braço americano do Greenpeace deixou de aceitar doações de bitcoin após sete anos. Dizia ele: "À medida que a quantidade de energia necessária para administrar o Bitcoin tornou-se mais clara, esta política deixou de ser sustentável".

Em 2022, o governo ucraniano levantou mais de US$ 10.000.000 de ajuda através de moeda criptográfica após a invasão russa da Ucrânia em 2022.

As críticas à moeda criptográfica

Bitcoin tem sido caracterizada como uma bolha especulativa por oito ganhadores do Prêmio Nobel Memorial em Ciências Econômicas: Paul Krugman, Robert J. Shiller, Joseph Stiglitz, Richard Thaler, James Heckman, Thomas Sargent, Angus Deaton e Oliver Hart; e por funcionários do banco central, incluindo Alan Greenspan, Agustín Carstens, Vítor Constâncio e Nout Wellink.

Os investidores Warren Buffett e George Soros caracterizaram-no como uma "miragem" e uma "bolha", respectivamente; enquanto os executivos Jack Ma e J.P. Morgan Chase CEO Jamie Dimon chamaram-no de "bolha" e "fraude", respectivamente, embora Jamie Dimon tenha dito mais tarde que se arrependeu de ter apelidado Bitcoin de fraude. O CEO da BlackRock Laurence D. Fink chamou a Bitcoin de "índice de lavagem de dinheiro".

Em junho de 2022, Bill Gates disse que as moedas criptográficas são "100% baseadas em uma teoria mais idiota".

Os estudiosos do direito criticam a falta de regulamentação, que impede a resolução de conflitos quando os bens criptográficos estão no centro de uma disputa legal, por exemplo, um divórcio ou uma herança. Na Suíça, os juristas geralmente negam que as moedas criptográficas são objetos que se enquadram no direito de propriedade, pois as moedas criptográficas não pertencem a nenhuma classe de objetos legalmente definidos (*Typenzwang*, o número legal claususus). Portanto, discute-se se alguém poderia até mesmo ser processado por desvio de moeda criptográfica se tivesse acesso à carteira de alguém. Entretanto, na lei de obrigações e na lei de contratos, qualquer tipo de objeto seria legalmente válido, mas o objeto teria que estar vinculado a uma contraparte identificada. Entretanto, como as moedas criptográficas mais populares podem ser trocadas livre e rapidamente em moeda corrente, elas são ativos financeiros e têm que ser tributadas e contabilizadas como tal.

Suicídios por criptografia

Em 2018, um aumento nos suicídios relacionados à criptografia foi notado após o crash do mercado de moedas criptográficas em agosto. A situação era particularmente crítica na Coréia, já que os comerciantes de criptogramas estavam em "observação de suicídios". Um fórum de moedas criptográficas na Reddit até mesmo começou a fornecer apoio de prevenção de suicídios aos investidores afetados.

O colapso da moeda Luna operado pelo Terra em maio de 2022 também levou a relatos de investidores suicidas em subreddits criptográficos.

www.ingramcontent.com/pod-product-compliance
Lightning Source LLC
LaVergne TN
LVHW010334070526
838199LV00065B/5744